Sophie Fillières, l'endroit de l'envers

Collection « Face B »
Suivi éditorial Benjamin Fogel et Erwan Desbois
Correction d'épreuves Hervé Delouche
Design couverture Lucien de Baixo
Mise en pages intérieure Camille Mansour et Lou Hillereau

ISBN 979-10-96098-82-8
Diffusion / Distribution Cedif / Pollen

35 rue Kléber, 92300 Levallois-Perret
www.playlistsociety.fr

Ce livre est édité en collaboration avec l'Association des Cinémas de Recherche d'Île-de-France. L'Acrif réunit 68 salles de cinémas franciliennes autour de deux dynamiques : les films et les salles. L'association coordonne le dispositif scolaire Lycéens et apprentis au cinéma en périphérie parisienne. L'Acrif est soutenue par le CNC (Centre National du Cinéma et de L'image animée), le Conseil Régional d'Île-de-France et la Drac Île-de-France. Remerciement à Pauline Gervaise pour son aide précieuse.

ENTRETIEN / CINÉMA

Charlotte Garson, Quentin Mével et Dominique Toulat

Sophie Fillières, l'endroit de l'envers

Playlist Society

Introduction
par Charlotte Garson

Nous sommes un parfait hiatus

Dans la pénombre, une femme en liquette entre, s'affaire à la cuisine autour d'un saladier, casse des œufs, malaxe de la farine, avec des gestes légèrement étranges. Ce n'est pas la première fois que Nathalie (Chiara Mastroianni) confectionne un gâteau en dormant. On la reverra une autre nuit rêver que, voyageant en avion, elle se voit proposer de piloter l'appareil, actionne avec joie ses boutons, avant de se réveiller devant ceux de son four, toujours en pleine préparation de son gâteau involontaire. Que penser du somnambulisme productif de l'héroïne d'*Un chat un chat* (2009) ? Faut-il admirer sa productivité nocturne ou s'inquiéter qu'un savoir-faire féminin aussi stéréotypé soit devenu un automatisme ? De *Des filles et des chiens*, son court-métrage réalisé après sa sortie de l'école de cinéma La Fémis et lauréat du prix Jean-Vigo 1992, à son ultime film *Ma vie ma gueule*, dont elle annota les rushes sur son lit de mort à l'été 2023, Sophie Fillières a fait tenir les personnages de ses films en équilibre entre cet automatisme merveilleux et l'inconsciente servitude dont il serait le symptôme. Son génie des titres fait programme : cinéaste de l'oxymore (*Grande Petite*, son premier long-métrage, en 1994), du paradoxe (*Arrête ou je continue*, 2014) et de la contradiction (elle voulait initialement appeler ce même film *Non*), elle n'a cessé de mettre en scène des rencontres désynchronisées, jusqu'au fantastique dans *La Belle et la Belle* (2017) où Margaux, 45 ans, interprétée par Sandrine Kiberlain, fait la connaissance de la jeune fille qu'elle était à 20 ans, incarnée par Agathe Bonitzer, fille de la cinéaste. Déjà, dans *Un chat un chat*, la même Agathe Bonitzer jouait Anaïs, une lycéenne collant aux basques de Nathalie, écrivaine plus âgée : la première n'a pas encore connu l'amour, la seconde dit y avoir renoncé : « Nous sommes de parfaits hiatus », résume l'aînée, érigeant la non-coïncidence, le décalage, en motif premier du cinéma de Sophie Fillières.

Mais étymologiquement, « hiatus » désigne aussi, dans son sens concret, une ouverture. La discontinuité, l'entrechoquement dissonant sont les espaces abstraits qu'habite l'écriture comique de Sophie Fillières, également scénariste. Le début de *Aïe* (2000) est un chef-d'œuvre de *cringe*, anglicisme contemporain que l'on peut traduire par un néologisme en circulation : la gênance. Dans le couloir d'une maternité, Robert (André Dussollier) se montre réticent devant l'insistance de sa sœur à le faire entrer dans la chambre de Claire (Emmanuelle Devos), son ex, qui vient d'accoucher. Comme dira plus tard un autre personnage, « rien ne va, là » : en présence du père de l'enfant qu'il soupçonne d'être le nouvel amant de sa sœur, Robert ne se sent pas à sa place. C'est que, suggère Fillières dans chacune de ses fictions qui sont autant d'autofictions, le monde ne nous réserve aucune place particulière.

EMPÊCHÉS MIGNONS

Le burlesque est la modalité comique qui choisit d'habiter ce hiatus, ce dedans-dehors du monde, de la société, de la bienséance. Tels des héros comiques du cinéma muet, les personnages de Fillières tombent, se relèvent, continuent d'avancer, fût-ce avec une serviette de table coincée sous la jupe (*Aïe*), un énorme pansement sur le visage, un maillot de bain d'emprunt ou des chaussures trop grandes (*Gentille*, 2005). Le baiser en forme de *happy end* de ce dernier film a lieu entre deux bibendums : Fontaine (Emmanuelle Devos) et son futur mari Michel (Bruno Todeschini), prêts à partir pour six mois d'expédition scientifique en Alaska à moins quarante degrés – allégorie de la vie conjugale, qui requiert d'explorer de nouveaux territoires, parfois dans des conditions hostiles –, s'enlacent vêtus d'une doudoune intégrale orange. Au moment où devrait s'accomplir le programme de la comédie classique, le « remariage[1] », les voici engoncés, enflés. « Il n'y a que ça qui m'intéresse : quand on est empêché », résume la cinéaste[2], qui raconte avoir pris comme premier noyau narratif du film le moment où Fontaine veut entrer dans la clinique où elle travaille mais n'en a pas les clés, et qu'elle se contorsionne pour passer sous un grillage puis tambourine à la porte vitrée, le visage souillé de terre, comme une zombie.

Empêtré dans son propre corps, le protagoniste « fillièrien » trouve dans le corps de l'autre une opacité similaire. Dans une scène d'*Arrête ou je continue* (2014), Pomme (Emmanuelle Devos), voyant Pierre (Mathieu Amalric) sangloter de dos, s'aperçoit quand il se retourne qu'il riait sans bruit, en pleine conversation téléphonique avec un(e) inconnu(e) – un gag identique à celui de *Charlot et le Masque de fer* (1921) où Chaplin, quitté par sa femme, paraît pleurer de dos, mais se révèle

1 Selon l'expression du philosophe Stanley Cavell, qui a étudié des films hollywoodiens dans lesquels des couples déjà formés, parfois mariés, traversent une crise ou une séparation qui leur permet de refonder leur union sur de nouvelles bases. Un des premiers et des plus célèbres exemples est *New York-Miami* de Frank Capra (1934), avec Clark Gable et Claudette Colbert.

2 Voir l'entretien de ce livre, p. 64.

en train de mixer joyeusement un cocktail. Fillières décape ce gag mémorable de sa seule efficacité comique pour laisser Pomme perplexe, offrant une description précise, radicale, du désamour : soudain le corps de l'autre perd de sa familiarité. Quand, un matin, Pierre croit que Pomme a « dormi dans le bureau » et qu'elle lui dit qu'elle était bien avec lui au lit, il réplique : « Rien senti », donnant une définition clinique de la séparation de corps.

UN BURLESQUE SOUTERRAIN

Qu'arrive-t-il donc au burlesque, chez Sophie Fillières, pour que sans perdre totalement son humour, il semble ainsi délibérément émoussé, ce qui le rend d'autant plus inquiétant ? Dès *Gentille*, l'autrice-cinéaste invente un burlesque souterrain, intérieur, moins évident que ce qui arrive aux hommes mutilés ou féminisés d'un Howard Hawks (Cary Grant dans *L'Impossible Monsieur Bébé* ou *Allez coucher ailleurs*), parce qu'il opère au niveau du détail. Ce n'est pas un hasard si Fontaine est attirée par Philippe (Lambert Wilson), patient psychiatrique à qui elle administre des électrochocs – on peut difficilement davantage entrer dans la tête de l'autre –, ni si celui-ci, quand il n'est pas traité pour ses troubles mentaux, exerce la profession de gastro-entérologue. Fontaine dit trouver sexy cette spécialité, elle qui vient d'avaler délibérément la bague de fiançailles que Michel avait placée dans son yaourt et qu'elle ira in fine désenfouir dans une scène d'une ébouriffante crudité où on la voit fouiller dans son étron, certes avec des gants en caoutchouc – le cake d'amour de *Peau d'âne*, où la princesse dissimule l'anneau pour son prince, en prend un coup. Sonder l'humain implique en effet de ne pas faire l'économie du corps concret, matériel, semble affirmer Fillières, qui, dans *Des filles et des chiens*, parlait déjà « merde de chien » et « litres de pisse » humaine, avant de filmer Aïe mentionner l'haleine fétide que lui donne son habitude de se faire vomir après ses crises de boulimie.

Du berceau à la tombe, le corps insiste. Il s'altère, il s'ouvre – Robert manque de tourner de l'œil quand sa sœur lui parle d'épisiotomie à la maternité, ou que les parents de Aïe emploient le mot « ménopause » –, il sécrète – la croûte du « cordon ombilical pourri » du bébé de Claire dans le même film, et l'équivalent d'un « Tu m'aimes ? » dans *La Belle et la Belle* : « Tu boirais mon crachat ? » –, il se reproduit – alors qu'elle sert un grand plat couvert d'une multitude d'œufs-mayonnaise, la mère de Aïe annonce à Robert que sa fille veut avoir des enfants.

Parfenac, Bétadine, Lysanxia... pour lutter contre l'inexorable décomposition qui vient, une litanie des médicaments est égrenée de film en film. Cette invocation de remèdes pour conjurer la mort rappelle le plan sur une armoire à pharmacie dans le film-testament du génie de la comédie sophistiquée, Ernst Lubitsch : « Mon autoportrait à 70 ans », dit la voix off du narrateur du *Ciel peut attendre* (1943). Car Sophie Fillières ne s'arrête pas aux potentialités burlesques du corps entravé, elle énonce de manière frontale les étapes du cycle vital, jusqu'à la corrosion de la chair – Pomme, face à son patron, a des fourmis qui lui courent sur le visage et le corps. Dans *La Belle et la Belle*, la phobie de la mort empêche Margaux (Sandrine Kiberlain) d'assister à l'enterrement de son amie, parce qu'elle se « visualise dans le trou ». Dans *Un chat est un chat* et *Arrête ou je continue*, les héroïnes s'entendent dire qu'elles vont « attraper la mort », expression glaçante qui s'incarne dans *Gentille* par le surgissement de la prédestination sous les traits d'Éric Elmosnino (« Je suis votre destin »), hilarant travailleur routinier, râleur et exténué, qui taxe une cigarette à Fontaine un soir d'Halloween. La protagoniste de *Ma vie ma gueule* est quant à elle convaincue que l'inconnu en jogging qui la drague n'est autre que la mort en personne.

Comment vivre ainsi, en équilibre sur une faille, tiraillé entre des options peu désirables, frôlé par le néant ? Les deux lycéennes qu'interprètent Sandrine Kiberlain et Hélène Fillières dans *Des filles et des chiens* jouent au jeu du « Tu préfèrerais... », se proposant mutuellement de choisir entre deux situations embarrassantes ou cruelles. « Tu préfèrerais que ton père fasse faillite et trouve plus jamais de travail ou que plus jamais de ta vie un mec te dise "je t'aime" ? » Quiconque a eu 16 ans n'hésite pas une seconde devant cette question-là. Mais à vrai dire, les héros de Sophie Fillières, comme le Bartleby de Herman Melville[3], *préfèreraient ne pas*. Aussi se tiennent-ils à des carrefours et diffèrent-ils le moment de trancher. Dans *Grande Petite*, Bénédicte (Judith Godrèche) trouve un sac plein de billets et un revolver dans la poubelle d'une cour d'immeuble. Qu'arriverait-il si elle gardait l'argent ? Si elle se servait de l'arme ? À partir de ces clichés vieux comme le cinéma – une fille, un flingue, une poignée de dollars –, Sophie Fillières pose sur la table

3 Dans cette nouvelle, publiée en 1853, Herman Melville conte l'histoire d'un homme qui s'obstine à refuser toutes les tâches et tous les emplois qu'on lui propose ; un homme dont la réponse phare est : « J'aimerais mieux ne pas. »

toutes les possibilités de récit, qui souvent se cristallisent dans un plan-déclic, comme celui, orthogonal, montrant Bénédicte à l'exact centre du cadre, dans la cour symétrique où elle a trouvé le sac. À peine sortie de l'adolescence, baby-sitter pour un couple bourgeois et concubine d'un médecin beaucoup plus âgé qu'elle, Bénédicte passe tout le film à tergiverser sur l'usage de son pactole et de son pistolet. Quant à Robert dans *Aïe*, à la question factuelle « Vous avez des enfants ? », il répond « Euh, c'est très possible », ouvrant un abîme moral devant son interlocutrice. Aïe lui a de son côté décrété pouvoir tomber amoureuse de lui sur commande, en « faisant exprès ».

Souvent empêchés dans une vie qu'ils pourraient vivre, les personnages de Sophie Fillières voient partout autour d'eux d'autres vies que les leurs : tout un fourmillement romanesque qui leur fait envie. Aïe raconte avoir eu pour voisine de siège une femme qui lisait une lettre de rupture ; le beau-père de Fontaine lui confie qu'il a été « clodo pendant deux ans » en prétendant qu'il s'expatriait pour affaires au Costa Rica. Comment savoir si cette « sale histoire[4] » est le fruit de l'ennui domestique du vieil homme, ou l'aveu déchirant

4 Michael Lonsdale, qui incarne le beau-père de Fontaine dans *Gentille*, est le narrateur de la partie « fictive » du film de Jean Eustache *Une sale histoire* (1977).

d'un déclassé rattrapé in extremis par la famille et l'ordre bourgeois ? L'Anaïs d'*Un chat un chat* poursuit une romancière pour que celle-ci écrive sa vie, et leur amitié se scelle définitivement quand Nathalie lui lâche : « Je t'ai inventé une grand-mère. » Saisir la potentialité romanesque des situations n'est pas seulement l'apanage des personnages de Fillières, c'est évidemment un don qu'elle possède elle-même, et qui s'exerce à travers son casting judicieux. De par leurs rôles passés, ses acteurs charrient d'autres récits : Emmanuel Salinger importe dans *Grande Petite* sa « persona » forgée par le camarade de promotion de la cinéaste Arnaud Desplechin (*La Vie des morts*, *La Sentinelle*), Hugues Quester, dans le même film, garde l'empreinte de *Conte de printemps* d'Éric Rohmer. Et les dix-huit ans qui ont passé depuis *Comment je me suis disputé... (ma vie sexuelle)*, où Desplechin avait réuni Emmanuelle Devos / Mathieu Amalric en 1996, semblent avoir altéré le couple, en bout de course dans *Arrête ou je continue*.

En ouvrant ainsi l'éventail des possibles sans les mener à leur terme, le cinéma « au conditionnel[5] » de Sophie Fillières assume son caractère déceptif, quitte

5 Ce mode est évoqué par les critiques des *Cahiers du cinéma* Marie Anne Guerin (n° 549, septembre 2000) et Jean-Michel Frodon (n° 607, décembre 2007).

à dérouter. À l'image de ses personnages de psychanalystes qui gardent le silence ou décochent un « C'est fini pour aujourd'hui », la scénariste et cinéaste fait de cette rétention une posture maïeutique. Le butin de *Grande Petite* a beau être refilé in fine à une passante comme un mistigri, il a entretemps eu un effet sur sa détentrice, qui se met à prendre ses distances avec son vieil amant, à faire des haltères au lit, puis démissionne de chez les bourgeois qui l'employaient comme nounou. Aussi invisible que l'argent quand elle le cache dans une veste d'homme, sa transformation vaut pour toutes les métamorphoses d'héroïnes du cinéma de Sophie Fillières : elle opère comme une levure nocturne, invisible à l'œil nu, tout comme les moments décisifs de l'amour ou de l'amitié (Aïe et Robert coincés dans un placard sombre, les deux Margaux de *La Belle et la Belle* en pleine coupure de courant).

LA GLACE À DEUX FACES

Puisque la transformation ne se voit pas, la mise en scène trouve des surfaces qui la font saillir, la matérialisent. Le miroir est l'objet d'élection : Bénédicte y essaie son revolver dans une version comiquement terre à terre et mutique du « *You talkin' to me?* » de Robert De Niro dans *Taxi Driver* de Martin Scorsese (1976) ; pour les deux Margaux, l'enjeu sera de se déprendre de l'image spéculaire, pour envisager une amitié, et l'horizon d'une seconde chance amoureuse. D'abord filmée en plan-séquence dans la glace à double volet d'une salle de bains d'amis communs, la rencontre des deux femmes procède d'un montage plus découpé dès lors qu'elles se rendent compte qu'elles portent le même prénom. Il faudra qu'en écho à leur deuxième entrevue dans un train, introduite par un magnifique fondu enchaîné fordien qui juxtapose en gros plan leurs visages, elles se croisent cette fois-ci en métro pour que le sortilège de leurs vies liées à vingt ans de distance se rompe. Margaux jeune, qui a enfin décidé de coucher avec son petit-ami, aperçoit Margaux mûre dans le métro d'en face. Dans la beauté d'un champ-contrechamp feuilleté par les vitres, la mécanique glisse du mouvant à l'émouvant.

Mais se désengluer du miroir peut passer par un autre face-à-face, cosmique, libéré du dialogue comme d'une obsession délétère de l'image de soi. C'est ainsi que l'on peut lire l'expérience qui arrive à Pomme dans sa cavité sylvestre, où un chamois – le mot de « biche » est employé par la cinéaste dans ses entretiens – tombe accidentellement. Pomme allume un briquet et fait face à l'animal. Le champ-contrechamp atteint à une puissance existentielle – il n'est donc pas besoin de l'objet-miroir pour se voir –, par la subtilité du montage. « Sophie me demandait que les deux se regardent sans intention, se souvient sa monteuse Valérie Loiseleux, qu'il n'y ait pas chez la biche le moindre sentiment, seulement l'opacité de la présence à l'autre. Mine de rien, c'est beaucoup plus difficile que de faire ressentir de la douleur, ou de l'empathie : si le plan dure trop longtemps, la biche baisse un tout petit peu la paupière, ça parle, et on se projette[6]. »

JE PENSE DONC TU ME SUIS

« Comment nous admettre comme personnage, ce qui nous inscrira enfin dans une histoire qui serait la nôtre propre ? », écrit Fillières dans la note d'intention de *Ma vie ma gueule.* À cette question, elle a répondu dans chacun de ses films en privilégiant la figure narrative du quiproquo, qui « exponentialise l'idée qu'on ne sait pas ce qu'on fait dans ce monde, avec qui, et qu'on se trompe

6 Entretien avec l'autrice, octobre 2023.

sur ce qu'est notre environnement, l'autre, la situation[7] ». *Gentille* s'offre en festival de quiproquos, Fontaine se croyant d'abord suivie par un dragueur, le confrontant, puis lui proposant elle-même un café, avant d'être obligée de prendre le même chemin que lui et donc de le suivre à son tour. Elle croit reconnaître aussi le conseiller clientèle de sa banque, qui, en réalité médecin, la confond avec une patiente. La confusion mutuelle, ce quiproquo au carré, est un jeu à somme nulle qui fait entrevoir que l'identité à soi serait un vœu pieux, une fiction, ou, si l'on y croit sans la moindre distance humoristique, un piège tragique.

CAUSE TOUJOURS

Affabulation ou vérité ? Folie ou clairvoyance ? Chez Sophie Fillières, la question ne se pose pas ainsi. Les récits des uns et des autres sont précieux, parce que de ce qui est vraiment advenu, on ne peut que s'apercevoir après coup, et le raconter. Cet écart bouleverse Nathalie quand son ex lui dit qu'à Anaïs, il a confié « qu'avec [elle] j'avais connu une grande douceur » : il fallait l'oreille

7 Voir l'entretien de ce livre, p. 66.

d'une tierce personne pour qu'un amour se déclare, a posteriori. On reconnaît dans la façon d'insérer des récits dans les dialogues les plus quotidiens l'influence d'Éric Rohmer, dont les personnages passent le plus clair de leur temps à converser. « Je préfère montrer des gens en train de parler des choses, confiait l'auteur de *Six contes moraux* (1962-1972). Je m'en aperçois parfois quand j'ai des idées d'histoires et que quelque chose me gêne. Très vite, je comprends que c'est parce qu'on voit une action alors qu'il fallait en parler[8]. »

Ces récits permettent à Sophie Fillières de focaliser la mise en scène sur la façon dont ils sont racontés, et écoutés – d'où le plaisir jubilatoire de filmer en champ-contrechamp. C'est sans doute dans *Aïe* que l'agilité narrative de la protagoniste est poussée le plus loin. Devant la timidité de Robert qui n'arrive pas à l'embrasser, elle invente le récit de leur premier baiser, pour que celui qui vient soit le deuxième, c'est-à-dire un confortable non-événement. Mais Aïe est une machine à raconter qui s'emballe. Elle finit par assurer à Robert qu'elle vient d'une autre galaxie, presque en tout point semblable à la nôtre. Au-delà du comique à la Borges de ce monde

8 Entretien avec A. de Baecque, T. Jousse et S. Toubiana, *Cahiers du cinéma*, n° 430, avril 1990.

parallèle, on perçoit dans cette invention la possibilité que le réel ait une doublure, une coulisse qui recèle d'autres possibles.

Cet ailleurs utopique est-il confiné au hors-champ, à l'imagination pure, voire à la science-fiction, auquel cas on ne saurait l'habiter ? À la fin de *Aïe*, Robert, dans une forêt, désigne à Claire un arbre, qui est peut-être la jeune femme elle-même, tandis que la caméra, en un panoramique ascendant, fraye dans les frondaisons une envolée audacieuse. Dans *Arrête ou je continue*, l'échappée prend la forme plus ordinaire d'une balade en forêt que Pomme décide de continuer seule, congédiant son compagnon et dormant à la fraîche plusieurs nuits. Barberie, l'héroïne de *Ma vie ma gueule* interprétée par Agnès Jaoui, se tourne aussi vers la nature, en s'offrant un mètre carré de lande écossaise qui lui confère le titre officiel quoique répandu de Lady of Glenuig. En une combinaison de noirceur et de gaieté à nulle autre pareille dans sa génération, Sophie Fillières offre à Pomme, dans le premier film, un abri pour la nuit qui ressemble à une tombe, et, à Barberie, dans le second, un pays à soi qui s'achète comme une concession au cimetière.

Si un ailleurs se matérialise parfois, de manière fugitive et modique, on devine que pour Sophie Fillières, cet ailleurs existe déjà, bien palpable cette fois, dans le langage : il gît dans l'écart – le hiatus, encore – qui existe entre les mots et ce qu'ils désignent, entre la parole proférée et celle entendue, terrain de jeu infini pour la grande dialoguiste qu'elle était. À l'oreille, il serait possible de compiler un dictionnaire des tropes dans ses huit films, qui tendent tous à dénaturaliser notre usage des mots, à les faire résister à toute valeur d'usage. Formes rares (« Sache ! », l'impératif deuxième personne du singulier), préciosité pleine d'autodérision (« raout » et « aréopage »), permutation (Bichette se voit offrir une lichette), paronymie (« un p'tit glaçon » entendu « un p'tit garçon »), rime riche (« toujours aussi disert, docteur Désert »), argot (« Gerber ? », relève Robert, sous le choc du vocabulaire cru de Aïe), néologismes (« On est débibochés ? »), phrases toutes faites prises au pied de la lettre (dans *Arrête ou je continue*, tentant de rallumer la flamme de son couple, Pierre frotte piteusement deux cailloux dans la forêt pluvieuse)… Ces jonglages linguistiques renvoient à l'univers ludique de Jacques Demy ; d'ailleurs, comme lui, qui a inventé le personnage de monsieur Dame dans *Les Demoiselles de Rochefort* où il faisait dire à Maxence « Je vais en perm' à Nantes », Fillières a écrit certaines chansons de ses films, le premier et le dernier finissant sur des titres de sa composition.

La singularité de Sophie Fillières dialoguiste ne se limite pas à la répartie, elle s'étend à ses trouvailles dans le domaine du nom propre. Fontaine Leglou, Michel Strogoff, il y a toujours soit une onomatopée – il faut dire qu'un titre de film de Fillières (*Aïe*) en est une et qu'elle a intitulé les trois parties de *Ma vie ma gueule* « Pif », « Paf » et « Youkou » –, soit un personnage de roman qui couve sous les noms de ses protagonistes. Quant au couple de Pomme et Pierre, on ne peut s'empêcher de vouloir y ajouter « Ciseaux », en référence au jeu de mains pierre-feuille-ciseau. « Nathalie, ça fait belle-sœur », remarque Célimène à propos du prénom qu'elle s'est choisi dans *Un chat un chat*, où Anaïs s'entend nommer Anabelle et Aglaë ; Pomme donne à un homme qui la prend en autostop le nom d'une actrice, Gena Rowlands, et Barberie Bichette se désolera qu'on la surnomme Barbie dans *Ma vie ma gueule*, où la question de « la nature » d'un être, de ce qui, dans son nom, le définit, est posée de manière vertigineuse. Mentalement atteinte, Barberie, à la clinique psychiatrique, se met à surnommer Fanfan toute personne qui l'approche. « Fanfan, c'est qui on est. Je me comprends », explique-t-elle, ne rassurant personne puisque l'une des fonctions du nom propre est de servir à discerner qui est qui. C'est tout le langage, dans sa fonction de communication, qui tremble sur ses bases ; déjà, dans *Un chat un chat*, l'écrivaine devenait régulièrement aphasique, saisie d'une impression que les mots ne sont qu'« un peu de bruit qui sort de ma bouche ».

L'usage parcimonieux de la musique que fait Sophie Fillières va dans le sens d'une telle raréfaction : même si on entend dans ses films des chansons ou des pièces classiques, c'est la forme du leitmotiv, percussive et marquante, qui règne, de la ponctuation du triangle dans l'acte II de *Coppélia* de Léo Delibes (*Gentille*) à l'aigrelette mélodie au ukulélé de Philippe Katerine qui clôt *Ma vie ma gueule*, en passant par l'allegretto des *Visions fugitives* de Prokofiev dans *Un chat un chat* et la scansion rohmérienne (car Rohmer a aussi écrit des chansons) des boîtes à rythmes de Kaspard Winding dans *Arrête ou je continue.*

Des bruits qui sortent de la bouche, des lettres sur un clavier : le langage apparaît souvent chez Sophie Fillières privé de ses prétentions au discours ou à la psychologie. Quelle police de caractères choisir, « Arial Hebrew? Avenir médium ? », se demande Barberie au début de *Ma vie ma gueule*, avant de quitter son clavier, procrastination oblige, pour se rendre à la salle de sport, ou d'oublier son propre poème dans le métro. L'autosabotage règne en maître, quand il s'agit non plus de raconter, mais de coucher sur papier. Dans *Un chat un chat*, Nathalie, quand elle croit avoir dépassé son blocage d'écriture, s'aperçoit que la première phrase qu'elle se met enfin à écrire n'est que recyclage, puisqu'elle reconnaît « L'Albatros » de Baudelaire ; un « Au secours ! » étouffé sort de sa bouche dans un souffle. Quand elle passe dans son appartement aux meubles bâchés pour cause de travaux, elle est cadrée dans la position d'un cadavre dans un sac, allongée sur le lit. La page blanche, sujet autobiographique pour Fillières, ouvre un trou béant, écartèle le hiatus en un gouffre. Nathalie va finir par se mettre elle-même à la poubelle. « C'est même pas que j'ai pas d'idée – j'en ai pas une –, mais si j'en avais une, dira-t-elle plus tard à sa mère, qu'est-ce que ça pourrait bien avoir à faire avec écrire ? » Cette phrase en colimaçon creuse sa propre tombe par le travail du négatif, poussant l'assèchement de l'inspiration jusqu'à l'absurde. C'est peu de dire que l'autofiction n'est pas une sinécure : de *Ma vie ma gueule*, la cinéaste écrit ainsi dans sa note d'intention : « Il s'agit, porté à son comble, à mon comble même, de l'effet d'un hyper frontal retour sur soi, et de ce que ça induit de comique et de violence, d'une forme d'épouvante de soi-même[9]. »

La beauté des films de Sophie Fillières tient à ce qu'ils donnent à voir la façon dont est subsumée cette éprouvante *épouvante*, à savoir la difficulté d'écrire sur soi, mais aussi, une fois la chose écrite, la difficulté devant le soi qui s'y fait jour. La mise en scène de la cinéaste apporte en effet une réponse au blocage d'écriture. Elle a pour nom acteur, et en particulier, actrice. « Chaque jour du tournage de *Ma vie ma gueule*, se souvient Agnès Jaoui, je mettais ses vêtements, ses chaussures, ses bagues, et je les lui rendais le soir[10]. » Hélène Fillières, Sandrine Kiberlain, Emmanuelle Devos et Agnès Jaoui ont toutes eu conscience d'incarner un peu plus qu'un

9 Note d'intention reproduite dans le dossier de presse du film, disponible sur le site du distributeur Jour2Fête.

10 Agnès Jaoui, débat public après la projection du film à la Quinzaine des cinéastes de Cannes, mai 2024.

personnage : la conscience de leur créatrice, qui, grâce à elles, envers qui elle a toujours été laudative dans ses entretiens, pouvait repasser sur l'encre sympathique du brouillon presque illisible que constitue un scénario. On imagine Sophie Fillières croisant chacune de ses alter ego comme Margaux croisait Margaux d'un quai à l'autre, souriant de la voir en bonne compagnie, confiante de la laisser partir, faire son chemin.

Entretien
par **Quentin Mével**
& Dominique Toulat

Propos recueillis en avril 2023;
sauf pour *Ma vie ma gueule*, recueillis en juin 2024.

Des filles et des chiens (1991)

Le film a été réalisé à la fin de vos études à La Fémis[11] : quelle en a été la genèse ?

Tous mes autres films réalisés au sein de l'école étaient muets, ou alors ne contenaient que des phrases hyper elliptiques, des mots par-ci, par-là, genre « super bressonnien ». Et puis j'ai écrit *Des filles et des chiens* sur la simple base du jeu « Tu préfèrerais ceci ou cela », auquel je jouais avec Noémie Lvovsky[12], qui était dans la même promo que moi et dont j'étais très proche. Alors que je pensais ne jamais faire de film très dialogué, j'ai eu une sorte de déclic, j'ai compris un truc sur le dialogue : avant je croyais qu'il fallait nécessairement que les paroles servent à dire des choses, je n'avais pas cette notion de la parole existant pour soi, sans qu'on n'ait besoin que les personnages disent des choses importantes. J'ai pensé à la forme de la parole, ce qui m'a vachement libérée pour l'écriture. Je n'ai ensuite fait que dialoguer. C'est venu

11 Située à Paris, il s'agit de l'une des plus prestigieuses écoles de cinéma françaises.

12 Réalisatrice, scénariste et actrice française, on lui doit entre autres les films *Les Sentiments* (2003) et *Camille redouble* (2012).

du dispositif de jeu de ce court-métrage, dans lequel les personnages ne se racontaient pas de trucs spéciaux.

À travers le jeu, les deux personnages se dévoilent beaucoup.

Oui, ça raconte beaucoup de choses sur elles, leur milieu social, la façon dont elles sont à la fois agaçantes et charmantes, leurs préoccupations, leur obsession de sortir avec des mecs, la peur de faire l'amour. Ça dit des choses, mais elles ne disent pas directement : « J'ai peur de coucher avec des garçons. » J'étais comme protégée par la forme du jeu, et donc par la forme en général. Et ça m'a hyper libérée.

Vous évoquez la forme, est-ce que l'idée du plan-séquence est apparue tôt dans le processus d'écriture ?

Oui, c'était lié à ce dispositif de questions/réponses, de jeu. Et à l'interruption de la troisième fille qui arrive. On l'oublie souvent, alors qu'elle est un peu le souffre-douleur des deux autres. Je voulais trouver une sorte d'efficacité dans ce qui est montré. Un quartier – on voit la tour Eiffel dans le fond qui nous renseigne sur le lieu –, deux adolescentes d'un certain milieu, une fraîcheur et dans le même temps une espèce de rouerie et de méchanceté, et la troisième qui, comme toujours, paie pour les autres. Voilà.

Les deux actrices principales sont votre sœur, Hélène Fillières, et Sandrine Kiberlain. Comment avez-vous constitué ce duo ?

Hélène avait déjà joué deux ou trois petits trucs dans mes précédents courts. C'était donc assez naturel. Pour l'autre fille, j'ai fait un gros effort de casting – ma technique à l'époque était plutôt de prendre des amies pas forcément actrices. J'ai vu une quinzaine de filles. Dans un café, j'étais avec une élève du Conservatoire, qui ne m'intéressait pas tellement, lorsque j'ai vu Sandrine, au comptoir, de dos. Sa dégaine, sa voix, son charme. Un truc un peu bourgeois, comme ça, qui m'a accrochée. Je me disais, comme on se trouvait dans un café près du Conservatoire, pourvu qu'elle y soit ! Elle serait bien avec Hélène. Je suis allée la voir et elle était bien au Conservatoire. Elle a fait des essais. C'était évident que leur duo fonctionnait. Sandrine m'a ouverte à la direction d'acteurs. Avant, c'était autre chose, des mouvements, des déplacements, sans recherche particulière de justesse dans le jeu. Sandrine était déjà une actrice formidable, naturelle et technique. J'ai vu qu'on pouvait demander quelque chose aux acteurs, et l'obtenir. Elle proposait des choses aussi, c'était super. Ma sœur était très bien également, de façon plus intuitive. C'est par Sandrine que j'ai découvert le plaisir des acteurs, qui ne me quittera plus. C'est capital.

Deux actrices, puis une troisième dans un plan-séquence très bavard, vous avez beaucoup répété ?

Pour le mouvement de la caméra, on n'est allés qu'une fois avenue de Breteuil, sur les lieux du tournage, pour faire des essais avec la steadycam. On a répété une fois les mouvements, ce n'était pas le plus compliqué. Le texte par contre a fait l'objet de beaucoup de travail. Ne pas être contraints par la mémoire, ne pas être contraints par les mouvements qu'on avait calés, trouver le début – l'idée que l'une d'elles arrive avec son vélo – ont demandé du temps. Il fallait trouver le bon rythme pour jouer le texte. On a tourné en un jour, une quinzaine de prises. J'ai ensuite mis une semaine à choisir mes coupes de début et de fin. Et la bonne prise.

Comment s'est fait ce choix ?

En tenant compte de la précision technique – certaines prises étaient floues, d'autres moins fluides – et du jeu, qui ne collait pas toujours parfaitement. Comme c'est un plan-séquence, j'ai fait plus de prises que j'en avais faites jusque-là et en ferai par la suite.

Précisiez-vous aux actrices les moments où elles se regardent, baissent la tête, regardent ailleurs ?

C'est à la fois très réglé en amont, et le fruit de leurs

propositions venues naturellement au tournage. J'accompagnais le chef opérateur, nous les précédions, nous avions défini un mouvement général, mais c'était aussi parfois un peu aléatoire. Nous étions comme au spectacle, il fallait attraper les mots, les corps. J'ai appris l'image, le cadre, mais c'est quand même le jeu qui prime. Le caméraman, au bout de deux ou trois répétitions, a saisi le rythme de la scène. C'était facile, une espèce d'osmose. On avait trouvé le rythme de la marche, en poussant le vélo, des petits arrêts, régler l'arrivée de la troisième fille. Le plus compliqué a été les coupes de début et de fin. Au départ, on les voyait arriver de plus loin.

On entre finalement dans le film avec les filles qui rapidement démarrent le jeu.

Oui, j'avais l'idée de ne pas présenter, de ne pas exposer.

Le film a reçu le prix Jean Vigo et a beaucoup circulé dans les festivals, jusqu'à aujourd'hui.

Ça m'a beaucoup aidée. Il est même sorti en avant-programme du film *La Sentinelle* d'Arnaud Desplechin[13].

13 Sorti en salles en 1992, *La Sentinelle* est le premier long-métrage d'Arnaud Desplechin, qui réalisa ensuite entre autres les films *Rois et Reine* (2004) et *Trois souvenirs de ma jeunesse* (2016).

Disons que le succès de mon court a permis bien sûr d'appréhender la suite. Mais l'attente suscitée a pu aussi parfois se transformer en déception ensuite.

Grande Petite (1994)

L'écriture de *Grande Petite* commence vite après la diffusion du court-métrage ?

Oui, je n'ai pas eu à chercher quoi raconter, je savais. J'avais eu cette idée du pistolet et de l'argent qui tombent entre les mains d'une fille qui n'a aucune raison d'avoir ça. Je crois que c'est l'un des films que j'ai écrit le plus vite. Il y a un mélange dans ce film : des choses raides, comme je l'ai fait dans mes premiers courts, et des scènes de dialogues, un peu sur la même tonalité d'amitié que *Des filles et des chiens*. Les gens étaient curieux de voir ce que j'allais faire pour mon premier long, ce qui est aussi un peu à double tranchant. À la lecture du scénario, on me disait que ça ne ressemblait pas du tout au court ! Parce que c'était assez sombre, obsessionnel.

Le film développe des enjeux divers, liés aux rapports affectifs, de possession, de violence, d'argent, plus qu'il ne déroule une intrigue.

Ça tient à la façon dont j'écris. Quand j'écris, je ne pense pas tellement à une histoire, je vois les plans. C'est pas du tout abstrait pour moi. Pour ce film, j'ai d'abord pensé le flingue, l'argent. Bénédicte, l'héroïne va les trouver un peu par hasard. C'est ma première idée. J'imagine Judith Godrèche – l'actrice que je souhaitais dès le départ pour le rôle – dans cette situation, et je vois ce que cette idée provoque. J'écris ensuite à rebours, comment elle tombe sur l'argent, et ainsi de suite. Qu'est-ce qui pourrait être le prologue de chaque nouvelle scène ? Pour ne pas directement embrasser un chemin linéaire. Mais il ne faut pas non plus que ça s'effiloche, que les scènes ne servent qu'à expliquer, faire de l'exposition. J'avance à rebours de façon à ce que les choses ne soient pas transparentes, que ce soit opaque. Qu'on ait envie que la séquence suivante vienne un tout petit peu orienter ce qu'on vient de voir. C'est ainsi qu'on découvre une fille qui sort d'une boulangerie, mange un croissant. On ne sait pas où on est. Elle croise un mec dans la rue, lui serre la main, sans que l'on sache qui c'est. Ce n'est pas par plaisir, mais par nécessité que je procède ainsi. Je pense aussi en termes de plans : j'ai en tête un plan serré sur une poignée de main, sans paroles. J'imagine aussi un échange d'argent. Alors je me demande ce qui peut amener à ce plan : elle fait du baby-sitting pour ce mec, c'est pour ça qu'il lui donne de l'argent… Je ne pars pas d'une baby-sitter, mais d'un plan qui me permet d'imaginer ce qui précède. Je fonctionne vraiment au visuel.

Vous évoquez une certaine opacité. Celle-ci se produit dès le départ. On entre dans le film directement, sans présentation.

Oui, j'aime bien ça. Je n'aime pas exposer, je n'aime pas prévenir.

Les liens entre les séquences se font de façon très organique.

Exactement. Qu'est-ce qui organiquement pousse vers la scène suivante ? Bénédicte est suivie par un homme, elle se réfugie derrière une porte cochère, elle tombe sur le sac avec l'argent et le pistolet, qui ne pouvait se trouver à la vue de tous en pleine rue. Pour mettre la main dessus, il fallait donc qu'elle entre dans cette cour d'immeuble, que quelqu'un la force à prendre cette décision. C'est involontairement qu'elle tombe sur ce sac. Comment faire en sorte que ce soit le plus involontaire possible ?

Vous écrivez des scènes, que vous reliez ensuite selon une logique propre au film.

Oui, je pars vraiment de ce qui peut faire scène. La scène qu'on vient de décrire, au début du film, ça m'intéresse, je veux comprendre la mécanique qui y mène. Et le découpage se fait quasiment dès l'écriture, car il faut que je « voie » pour écrire. Je décris en fait.

Il y a peu d'écart entre l'écriture et le film terminé ?

Très peu, je voyais les scènes comme elles sont au final. J'ai revu le film à l'occasion d'une projection à La Clef[14], et la difficulté de cette fille dans son existence, sa présence au monde, son rapport aux autres, ce qu'elle désire et ce qu'elle ne veut pas : ça m'a frappée, j'avais oublié à quel point c'est *dark*. Je devais passer par là, comme un socle pour pouvoir faire ce qui a suivi. Si je n'avais pas fait ce film, tous les autres auraient été un peu plus sombres, plus « sérieux ». Je sais que *Grande Petite* est la base à partir de laquelle ont émergé des choses plus comiques. La difficulté d'être au monde s'est transformée dans mes autres films, pour leur conférer une touche d'absurdité.

Le personnage interroge en particulier le sentiment amoureux sous toutes ses coutures.

C'est ça, ce n'est vraiment pas simple pour elle. Elle se contraint, pour refléter son inconfort à exister. C'est la question phare de tout mon cinéma : est-ce que ce monde, auquel je suis obligée de m'adapter, n'est pas fou ? Le potentiel que lui donnent le pistolet et l'argent

14 Cinéma parisien indépendant qui, à la suite de sa fermeture en 2018, a été occupé par une association qui proposait chaque soir des séances à prix libre, le plus souvent accompagnées par les cinéastes.

est un truc dont elle va se servir pour appréhender le monde et les gens.

Il y a une tension qui passe par un travail de mise en scène fondé sur des ruptures assez brutales. C'est écrit et tourné ainsi, ou c'est au montage que vous coupez ?

On a tourné comme ça. J'avais besoin de cette netteté. Et puis cela prenait le contre-pied du plan-séquence en steadycam de *Des filles et des chiens.*

Dès l'écriture, vous aviez l'idée que le cadre serait fixe, qu'il enfermerait le personnage ?

J'avais cette idée d'enfermement. De « pas de souplesse ». Dans le même ordre d'idées, avoir un mec plus âgé faisait écho au fait qu'elle sortait juste de l'enfance, et que son entrée dans le monde des adultes ne se passe vraiment pas simplement.

Comment avez-vous préparé le film avec les acteurs et actrices ?

Quelques lectures, mais pas tellement, pour travailler les postures, les gestes. La façon dont le personnage incarné par Emmanuel Salinger n'ose pas toucher Bénédicte, on a cherché le bon geste, il jouait ce mouvement un peu comme un aveugle, il a l'air cinglé. Des choses comme ça. À l'époque, l'idée que les acteurs jouent de façon naturaliste m'effrayait beaucoup, je voulais avant tout que quelque chose se voie clairement à travers leur interprétation : comment voir vite, et à fond, les choses ? Même si ma sœur Hélène, par son jeu qui était le plus naturaliste de tous, nous soulageait un peu de toute cette austérité. Avec Judith, c'était super. Elle avait joué précédemment la jeune fille jolie dans quelques films[15], et je voulais contrarier ça.

Arrêtons-nous sur la séquence dans laquelle Bénédicte, sur son palier, oblige son ex, joué par Philippe Demarle, à lui dire des mots d'amour sous la menace du pistolet. Cette séquence est très composée, les plans durent, la lumière découpe le plan, les enjeux sont importants. Comment l'avez-vous préparée ?

Pour éviter que ce soit spectaculaire, ou immédiatement violent, je voulais un truc sourd. Je me souviens avoir dit à Judith d'être davantage traversée par la fatigue, c'était ma seule indication. Ce que tu dis te traverse. Tu es

15 Depuis la réalisation de cet entretien, les conditions de réalisation de certains de ces films ont été dénoncées par Judtih Godrèche, qui a porté plainte pour viol sur mineure contre les cinéastes Benoît Jacquot (*Les Mendiants*, 1988 et *La Désenchantée*, 1990) et Jacques Doillon (*La Fille de 15 ans*, 1989).

obligée de le dire. Il fallait aussi que les plans durent, qu'on ressente le présent de la situation, le moment dans toute sa durée, sans ellipse.

Elle lui fait répéter ce qu'elle dit. C'est une scène inquiétante et touchante, douce et violente, qui fonctionne comme un oxymore, à l'image du titre *Grande Petite*. Le film repose sur ce principe, les personnages aussi.

Je suis sans cesse tiraillée par une chose et son contraire – y compris pour des choses anodines, je commande un confit au restaurant, et lorsque le serveur repart, je regrette la salade périgourdine. J'ai du mal à croire que ce ne soit pas le cas pour tout le monde. Une aspiration d'un côté, et ce qu'elle implique comme contraintes de l'autre. L'un ne gagne pas sur l'autre, j'avance ainsi, et je le retranscris dans mes films avec la volonté que ce soit drôle tout en faisant comprendre que c'est dur. C'est parce que je suis comme ça, ce n'est pas volontaire, ce n'est pas une décision. Je ne me dis pas que ce serait bien que les personnages soient tiraillés, je ne peux pas faire autrement. *Grande Petite* résume bien ça. Dans cette scène, on avait cette idée, d'associer le danger et la douceur. Arriver à quelque chose qu'elle voulait obtenir, reconquérir une forme de douceur, même si c'est factice, parce qu'obtenu sous la menace du pistolet, en répétant ce qu'elle lui dit de répéter. Il y a une petite chance que pendant qu'il le dit, ce soit vrai, on ne peut être sûr du contraire. Je voulais qu'on éprouve tout ça à ce moment-là.

Comment avez-vous trouvé un producteur pour ce premier film ?

Grande chance, un oncle, Claude Kunetz, venait d'ouvrir une société de production – totalement autodidacte, il avait déjà coproduit avec La Fémis mon court-métrage. Il a enchaîné en produisant mon premier long-métrage, pour lequel on a eu de l'argent de Canal + et l'avance sur recettes.

Aïe (2000)

Au moment où *Grande Petite* sort en salle, plusieurs cinéastes apparaissent – vous-même, Arnaud Desplechin, Noémie Lvovsky, Laurence Ferreira Barbosa, Pascale Ferran –, travaillant avec des acteurs de la même génération – Emmanuel Salinger, Valeria Bruni-Tedeschi, Emmanuelle Devos, Bruno Todeschini…

On voyait beaucoup les films des autres, on y participait parfois aussi – j'ai co-écrit le premier long-métrage de Noémie Lvovsky, *Oublie-moi* (1994) avec elle et Emmanuel Salinger. J'étais un peu en périphérie des différents groupes. Par exemple, il y a eu la série de films produite par Pierre Chevalier pour ARTE, *Tous les garçons et les filles*, je ne fréquentais pas forcément beaucoup ces cinéastes, mais je voyais tous leurs films. Il y avait une espèce d'émulation, et puis à cette période on avait l'impression qu'il y avait la place pour nos films. *Grande Petite* a été distribué en salle par la société Pierre Grise, ce qui m'a permis de rencontrer ses deux fondateurs, Maurice Tinchant et Martine Marignac. Martine m'a proposé de financer l'écriture de mon prochain film. Elle lisait les projets, faisait des retours, et croyait avant tout aux auteurs.

On retrouve la profondeur existentielle de votre premier long, mais portée cette fois par de la comédie. Dès le début du film, vous inscrivez les personnages dans les codes du burlesque, du comique de situation. Vous aviez cette envie dès l'écriture ?

De la même manière que *Des filles et des chiens* m'avait libérée sur le dialogue, là, après *Grande Petite*, je n'avais plus à exprimer toute la mélancolie que je ressentais. Je me sentais libre d'aller vers la comédie, la légèreté, de revenir à une forme plus proche du court-métrage. Les producteurs aimaient *Grande Petite* et me suivaient où j'allais. Je suis partie à l'opposé du précédent : après une fille de 20 ans, un homme de 50 ans. Je vivais certes avec un homme de cet âge, mais ce n'est pas du tout de lui que je me suis inspirée. J'avais envie d'inconnu en fait. Je me suis imposé ce seul truc : partir d'un homme, quelque chose de très éloigné, pour arrêter de me projeter dans un personnage qui pourrait être moi. Même si au final, le héros de *Aïe* s'est complètement nourri de moi.

Vous avez écrit en pensant à André Dussolier pour le rôle de Robert ?

En un sens, oui. Je pensais idéalement à André, mais sans imaginer pouvoir lui demander. Je ne pensais pas qu'il accepterait. Pendant le casting, on a rencontré des acteurs, mais à chaque fois quelque chose ne convenait pas, et j'évoquais toujours André Dussolier. Martine Marignac m'a alors dit de lui proposer !

Vous écrivez à nouveau, comme vous l'expliquiez pour votre premier film, à partir d'une scène, que vous déroulez en allant à reculons ?

Je pars de choses qui pour moi font scène, que je ne relie pas forcément à une narration. C'est aussi une façon de ne pas céder au chemin le plus court que prendraient les choses. J'aime bien ne pas aller directement au but. Un ami me disait récemment que j'étais un peu la fille des interstices. C'est exactement ça, ce n'est pas pour faire mon originale, j'essaie de me glisser dans des endroits d'où on voit les choses différemment – trouver un angle qui va rendre intéressante une situation banale. Au début du film, pour les portes de l'hôpital qui s'ouvrent et se ferment devant Dussolier qui s'y heurte, j'ai d'abord eu l'idée de tourner dans un sas, avec un homme comme enfermé, qui ne veut pas entrer. Je me suis donc demandé : « Où est-ce qu'un homme de 50 ans n'a pas envie d'aller ? » Dans une maternité ! Qui l'emmènerait ? Sa sœur. Ce serait super qu'il connaisse la fille qui accouche. J'écris comme ça. Ça dessine un truc, quelque chose apparaît. Je ne me dis pas, « c'est l'histoire d'un type à la moitié de sa vie qui va dans une maternité ». Je pars de « c'est un type qui ne veut pas y aller ». Dans le sas, les portes ne s'ouvrent pas, il dit « non non ». Je suis partie de ça. Ce n'est pas spectaculaire comme truc, mais c'est fondateur. Je pars toujours du tout petit, d'un truc pas signifiant. Et inconsciemment, même si ça fait théorique, il y a aussi un peu l'idée de l'acteur qui ne veut pas entrer dans le film. Ça me permet de me détacher du supposé naturalisme de la vie. Qu'on le perçoive ou non dans le film, ce n'est pas important, mais ça consolide mes envies.

Prenons une autre scène, au café, où Aïe, le personnage qu'interprète Hélène Fillières, lui fait la proposition de tomber amoureuse de lui.

Je n'ai pas écrit cette séquence au tout début, l'idée première est la phrase qu'elle lui dit : « Si vous voulez, je peux tomber amoureuse de vous. » Je n'avais alors aucune idée que le personnage qu'interprète ma sœur serait littéralement une extraterrestre. J'avais juste l'idée qu'elle serait étrange, mais charmante, et qu'elle propose de l'aimer. C'était là dès le départ. Mais comment y arriver ? Tout me vient ensuite. J'avais cette idée de plan : on découvre pour la première fois Aïe dans le film, très belle, mais à moitié cachée, par lui qui avance vers elle, avec fébrilité, en amorce. Le plan est vraiment obstrué par la présence de l'homme de dos en amorce ! J'aime beaucoup ces caches qui font qu'on voit moins, mais mieux. Je voulais qu'on la voie bien, et pour cela, il fallait en partie la cacher.

Vous avez écrit pour Hélène Fillières, votre sœur.

Oui, j'ai écrit avec elle en tête comme rôle principal féminin. Une fille qui ne veut pas aussi, à la fois boulimique et aboulique. Comme lui, elle n'y va qu'à moitié, et ça, ça m'intéresse. Quand les deux ne sont pas intéressés. Dans la scène dont nous parlions précédemment, elle n'est pas ce qu'on croit, elle déjoue les idées d'André Dussolier. Elle mange au restaurant parce qu'elle est serveuse, et non cliente. Déception. Il voulait qu'elle soit mieux que ça, mais ne veut pas le montrer. Mais elle est aussi un peu mannequin… Je me suis ensuite demandé qui serait ce gars qui tombe sur cette fille. Il a un certain âge, une ex. Quand on le voit la première fois, il ne veut pas – entrer dans une maternité. Je ne pars donc pas du début, je déroule les événements qui amènent à la fin. Je dirige les acteurs de la même façon : je leur dis toujours de partir de petit, de biais. « Le diable est dans les détails », et bien moi aussi je suis dans les détails. C'est par le détail que les choses ne me font pas peur, que je peux entrer dans quelque chose. Jamais par le général.

La définition de vos personnages passe par ces détails dans leurs actions, leurs comportements.

Un mec qui ne veut pas accompagner sa sœur en dit bien plus long que si on le voyait sortir de son boulot.

Il fait un peu vieux garçon, aussi.

Oui, le fait que son père ou sa mère l'embrasse avec les maniques, pour moi ça dit « vieux garçon », davantage que s'il dit à quelqu'un qu'il en a marre d'être avec personne. Et le fait qu'il ait une ex, dont il est encore amoureux, permet que ce ne soit pas non plus la découverte de l'amour avec le personnage de Aïe.

Les vêtements, comme les décors ou les objets, participent de ce même mouvement, une attention accordée au détail qui renseigne sur les personnages, sans ostentation. Comment travaillez-vous avec les équipes qui en sont chargées ?

C'est un dialogue assez précis. Par exemple dans *Grande Petite*, je voulais qu'elle ait tout le temps son manteau, qu'on a fait faire. Un manteau très sobre, pas spécialement à la mode, et un peu trop petit. Enfin, très ajusté.

Dans *La Belle et la Belle*, je ne sais pas pourquoi, je voyais cette opposition entre le rouge et le bleu pour les deux personnages, assez nette et frontale. Pour ce qui est des décors, on en parlait bien sûr beaucoup avec le chef décorateur. L'appartement de Dussolier dans *Aïe* par exemple me paraissait un autre monde à l'époque. Et je trouvais bien qu'il ne soit pas à la mode. J'aimais l'idée que Aïe débarque, du haut de ses 20 ans, dans cet endroit qui sent le renfermé. On devine des meubles hérités, sans en être trop sûr. Peut-être même l'appartement entier a été hérité. Et puis, cet appartement ne renseigne qu'à moitié sur lui. Je n'aime pas les trucs qui renseignent trop.

Deux régimes de mise en scène se mêlent : le champ-contrechamp et le plan-séquence. Avez-vous des idées formelles dès le départ, ou chaque scène implique une façon de mettre en scène ?

Ce sont les scènes qui impriment leur façon d'être vues. Encore plus ici que dans *Grande Petite*, pour lequel j'étais sûre de vouloir cette forme assez austère, nette, cadrée, archi découpée. Là, je me suis un peu lâché la bride en me disant que j'allais privilégier ce qui marche le mieux pour un film un peu comique, burlesque. La scène dans le sas au début est réalisée en pied, de façon à voir le mouvement, l'empêchement. J'ai découvert le champ-contrechamp avec ce film. J'aime beaucoup ça. Je trouve qu'on profite des acteurs, des dialogues. Ça valorise le jeu, ça potentialise. Surtout pour le jeu de réaction – pas trop en faire, juste un regard –, c'est parfait.

La scène où les deux personnages se rencontrent à table la première fois est tournée en champ-contrechamp.

Au tournage, les deux acteurs sont présents tout le temps, on fait un premier plan-séquence sur elle, puis sur lui. Avec plusieurs prises à chaque fois, bien sûr. Le plan-séquence permet de garder la dynamique du jeu. Ensuite, pour les réactions dont je parlais, le rythme se fait au montage. J'aime ce plaisir, y compris comme spectatrice, de comment il la regarde. Et jouer avec ça. Elle dit un truc, on a envie de voir la réaction, et hop on voit. Ou pas. Ça me réjouit.

Dans cette scène toujours, comment avez-vous travaillé avec les acteurs ?

Pour Hélène, et elle l'avait très bien compris, l'idée était d'être le contraire de volontariste, c'est-à-dire déflationniste : presque ne rien faire, parce que sinon, avec le texte, ce serait redondant. Je lui demandais de jouer droit. Anti-spectaculaire. Ils avaient des fous rires parfois ! Pour André, il jouait comme si cela lui arrivait en vrai. Il me disait n'avoir jamais lu ce type de dialogue, mais il savait exactement comment le jouer. Il se retournait vers moi après chaque prise, en me demandant comment on peut écrire ça ! Il était dans la réception de l'écriture en même temps que dans le jeu de cette proposition de Aïe. C'est un acteur merveilleux. Il a un art de savoir ce qu'il faut faire et ne pas faire, de ne jamais en rajouter. La scène dans laquelle elle lui dit qu'elle est extraterrestre, puis non, puis lui demande s'il met du Parfenac pour les piqures de moustiques, on était pliés de rire. Au final, la scène est étrange, un peu angoissante et un peu drôle. Sur le tournage, on s'est bien amusés. On devait stopper les prises à cause des rires. Quand dans une scène, les choses dites sont si énormes, le jeu doit prendre en compte un doute sur ce qu'on a entendu. Elle dit des choses si incroyables – « Je mange et après je vais me faire vomir. [...] J'ai toujours des petites brosses à dents. [...] J'ai bossé avec le commandant Cousteau. [...] Mon père bosse chez Air France... » – dans une même continuité, qu'il suffit presque de dire le texte normalement.

Le plaisir de la scène fonctionne aussi bien entendu par son montage ciselé, sur les réactions de Dussolier qui porte notre regard. Vous passez beaucoup de temps au montage ?

André et Hélène sont géniaux. Dès la première prise, ils étaient super. Ils jouaient tellement bien qu'on avait vachement de marge. La question que nous nous posions était celle du rythme. Effectivement, c'est Dussolier qui porte notre regard, il fallait donc être attentives à ses réactions. Hélène jouait factuel, et je lui disais de manger vraiment. On jouait sur le temps, le temps qu'il met à intégrer ce qu'elle dit, le temps qu'il met à accepter sa proposition. André sentait le rythme à trouver – s'il répond avec assurance, on perd tout. Je suis à côté de la caméra, avec eux – jamais au combo – et quand je sens que ça peut avancer, je fais un bruit, un geste, mais sans intimer, sans les embêter. On est ensemble. Mais là, en l'occurrence, ils avaient le rythme naturellement. Attendre un peu suppose qu'il pense vraiment à ce qu'elle lui dit. Au montage, on affine encore toutes ces questions, en étirant encore plus le temps parfois.

Comment procédez-vous pour écrire de telles scènes, et leurs dialogues ?

Je ne fais jamais de traitement ni de synopsis, je ne sais pas faire. Je pars toujours d'une scène. Je ne dis pas ce que ça raconte, mais comment ça le raconte. Et lorsque j'écris les dialogues, je me les dis à haute voix, je les joue, pour réfléchir au rythme et à la ponctuation. C'est très important la ponctuation dans mes scenarios, je fais chier les acteurs avec ça. Si lorsqu'elle dit « Je n'ai pas mes petites brosses », j'écris comme réponse « Ah. Ah bon », l'effet n'est pas du tout le même que de répondre simplement « Ah bon ». Le temps entre les deux Ah suppose réflexion, perplexité, doute. Ce rythme, ce détail, je les ai trouvés en jouant le dialogue. Je peux dire aux acteurs qu'il y a un point à respecter. C'est un truc de musique, de tempo.

Une autre séquence, celle du premier baiser entre Aïe et Robert, très différente dans sa mise en scène, fonctionne davantage sur le plan-séquence, avec une stylisation liée à la lumière, aux mouvements des acteurs rassemblés dans le même plan.

Je me suis bagarrée avec le chef opérateur, qui, dans cette scène, lorsque les plombs sautent, refusait de faire un noir absolu. J'ai accordé une petite source de lumière liée à la gazinière. Il me disait que sinon, on ne verrait rien. Je lui disais que c'est ce que je voulais. Finalement, c'est très bien ainsi, mais je me souviens d'une grosse discussion. Je voulais effectivement qu'ils soient dans le même plan, qu'elle entre dans son champ. Ce sont des choses que j'imagine un peu à l'écriture, mais que je vois surtout avec le chef opérateur lorsqu'on réfléchit au découpage. Il fallait dans cette séquence que ce soit différent des champs-contrechamps qu'on a évoqués. Ils sont à deux dans la même situation, ils se rapprochent.

Ils ne sont pas loin de s'embrasser en pleine lumière, mais les plombs sautent, et ils s'embrassent dans le noir.

C'est aussi parce que j'ai du mal avec les scènes de baiser, ou les scènes de cul. C'est d'abord visuel. Pour éviter qu'on se dise que les acteurs ne s'embrassent pas vraiment, il ne faut pas qu'on voie bien. Pour que le baiser soit au maximum de sa plénitude, c'est mieux si on ne le voit pas. On peut l'imaginer. Si on le voit, on aura toujours l'impression que ce n'est pas assez.

Cette façon de dissimuler le baiser participe de la même idée que de faire jouer les acteurs de façon réaliste dans un cadre pas du tout naturaliste.

Oui, si on filme de façon plus naturaliste, on voyage moins. Paradoxalement, on est moins avec eux si on les voit. Qu'ils s'embrassent lumière éteinte raconte beaucoup des personnages aussi, et la mise en scène sert en premier lieu à raconter ça. Un autre exemple, c'est la scène de fin dans la forêt, dans laquelle André Dussolier raconte à Emmanuelle Devos le départ de Aïe. Cette scène, qui se termine par un autre baiser, devait nécessairement se passer en plein jour. Ça aurait été un non-sens que ça ait lieu le soir, il faut que ce soit l'éclatante vérité, en pleine lumière. Ce plan, à la fin du film, je suis vraiment contente du résultat. Il fallait trouver le temps à prendre pour que le personnage de Dussolier raconte cette histoire, et le chemin qu'on doit faire, avec nos interrogations. Il fallait que se fabrique du cinéma en direct.

Emmanuelle Devos, qui joue Claire, l'ex de Robert, fait face durant tout le film à des situations étonnantes, sans montrer de surprise.

Rien que de penser à son jeu m'émeut. La question du détail est centrale, c'est le secret de tout. Avec le jeu d'Emmanuelle, et son appréhension des détails, on peut croire une histoire totalement dingue.

Comment s'est passé le montage ?

C'était formidable, j'avais l'impression d'avoir un univers, et la monteuse, Valérie Loiseleux, aussi. Organiquement, ça fonctionnait. On est très proches au moment du travail, mais on ne se voit pas tant que ça en dehors. Comme avec les acteurs. Ce sont les personnes les plus importantes de votre vie pendant deux mois, mais il ne faut pas trop les connaître – enfin un peu, parce que sinon c'est plus dur de penser à eux comme personnages. La question qui nous obsédait avec Valérie, c'était le rythme. On avait plein de possibilités pour rythmer davantage le film, mais ni elle ni moi ne nous intéressions à cela. Parfois on resserre une scène, bien sûr. Mais c'est contre-productif d'accélérer volontairement les choses. On a pu nous dire qu'on entrait difficilement dans le film. Mais parfois je trouve qu'il faut payer ce prix-là pour y entrer plus profondément. À rentrer vite, on ne peut que perdre, alors qu'en trouvant son rythme – pas forcément lent – on gagne, ça s'étoffe.

Vous montez des scènes précises d'abord ou vous commencez par le début du film ?

Par le début. On monte d'abord le fil de l'histoire, et ensuite, on trouve les valeurs des choses. Une sorte de valeur absolue de ce qui doit compter, à quel moment : où est-ce qu'on peut supporter une longueur, où ne doit-on absolument pas s'étendre ? Le truc compliqué était qu'il y avait une première série d'événements et de situations. Parce que lorsque je dis que je n'aime pas les expositions, c'est que je n'aime pas les expositions de séquences. Finalement, mes films, ce n'est qu'une longue exposition de quelque chose qui est impalpable. Enfin, il y a quand même une histoire et des événements, mais à l'arrivée, c'est un peu comme si je dessinais quelque chose par les interstices ou par omission. En tout cas, pas frontalement. De biais. En biseau. Comme si chaque scène était la seule du film. Une partie pour le tout. Dans *Aïe*, il y a un premier temps avec Dussolier et sa sœur. La rencontre avec Aïe arrivant plus tard, il fallait donc réenclencher, dans un second mouvement. On devait comprendre un peu qui il était pour appréhender pourquoi cette situation lui arrive. La rencontre avec Aïe ne pouvait pas lui arriver au tout début, on a essayé, mais ça ne marchait pas.

Le début est davantage burlesque.

C'est plus physique et burlesque effectivement au début, et lorsque le personnage de Aïe arrive, on trouve le cœur des choses. Ce qui m'intéressait était qu'avec elle, qui est l'élément le plus comique, extravagant, on était là dans la profondeur des choses. Alors qu'on pourrait juste se bidonner. Faut que le cœur soit là tout le temps, dans chaque scène, mais qu'à un moment, on soit au noyau.

Comment travaillez-vous la musique ?

C'est un énorme problème pour moi, à chaque fois. Je ne sais pas pourquoi, je ne comprends pas pourquoi ce n'est pas un problème chez les autres. J'aime plein de films avec de la musique, mais chez moi cinéma et musique ne vont pas ensemble. Peut-être pour des questions de tempo, de rythme, de paroles. Mon écriture suit peut-être déjà un mode musical – je grossis un peu, mais ce ne sont pas des films qui appellent spécialement une musique. Je pense à des sons, mais au moment d'en mettre, je ne sais pas. Je préfère les sons musicaux, par exemple dans le cinéma d'Hong Sang-soo[16], une sorte de clochette rythmique. Ce n'est pas plus compliqué que ça. Voilà ce que ça dit. Alors que quand on nous met des trucs – même quand c'est bien – après, on est un peu gavés. Le truc de la sensation, de l'éclate liée à la musique, pour moi ça ne marche pas. Pour *Aïe*, je pensais au début à du xylophone. J'aimais aussi beaucoup les compositions de Benjamin Britten. J'en ai parlé à Michel Portal, il a fait cette musique que j'ai adorée.

16 Né en 1960, Hong Sang-soo est un cinéaste coréen prolifique (plus de trente longs-métrages en moins de trente ans de carrière), régulièrement récompensé dans les festivals internationaux - Cannes, Berlin, Locarno… - pour ses films le plus souvent minimalistes dans leur intrigue et leur mise en scène.

Gentille (2005)

Vous disiez partir à chaque fois d'une scène précise pour l'écriture. Quelle était-elle pour ce film ?

L'image était : une fille qui entre par effraction sur son lieu de travail. Je suis parti de la scène où elle passe sous les grilles parce qu'elle n'a pas la clé. Je ne parle pas en termes de symbolique, je parle concret : elle n'a pas la clé. Elle a un bon boulot, mais sans la clé, elle doit entrer par effraction sur son propre lieu de travail.

C'est toujours une idée visuelle qui introduit un personnage.

Oui, qui dessine quelqu'un. Après ça s'étoffe, par l'arrière, par l'avant, par la suite. Une fois de plus, je me suis dit que je n'allais pas commencer par cette scène, on n'allait rien comprendre. Ce serait un petit noyau. J'écris donc une scène avant l'effraction. Et les petits noyaux s'accumulent, comme des quartiers, des parties qui formeraient un tout. Assez vite, il y a eu l'idée du destin qui frappe à sa porte. L'idée du pitch ne m'est venue qu'à la moitié de l'écriture à peu près, quand je me suis dit que ce qui englobe tout ça, c'est qu'elle aime son compagnon, mais quand il la demande en mariage elle ne sait ni dire oui ni dire non. Je me suis dit que cette idée allait architecturer le truc.

L'idée de ne pas avoir sa clé relève aussi du burlesque, que l'on retrouve régulièrement dans vos films, à travers la question de l'obstacle.

C'est une marotte. Ou une obsession. Il n'y a que ça qui m'intéresse : quand on est empêché.

Le cinéma burlesque, vous y pensez en écrivant ?

On m'a beaucoup renvoyée au cinéma burlesque, mais non, je n'y pense pas. Si elle passe sous la grille, je ne pense pas que ça va être burlesque. Je pense que ça a à voir avec le corps, que c'est visuel. J'adore Howard Hawks, chez qui les corps et les bouches parlent à la fois. Même chose chez John Ford, dans un autre genre, avec ses corps, ses cadrages. L'immobilité. Chez Éric Rohmer, on voit aussi beaucoup les corps, les personnages marchent en parlant. Je ne me compare pas du tout à tous ces cinéastes, hein ! Mais voilà, la mobilité ou la fixité des corps compte. Peut-être parce que mes films reposent beaucoup sur les dialogues, j'aime bien que l'on voie les corps. Qu'on en tienne compte. Même le champ contrechamp, ça ne filme pas les corps a priori, mais c'est des visages qui se répondent, et donc des gens qui savent bien écouter.

Dans *Gentille*, la caméra est assez fixe.

Oui, je ne bouge que quand il me semble qu'il le faut.

Les acteurs n'accélèrent pas physiquement non plus, ça passe par les mots, ou le montage.

Oui, je n'aime pas donner du rythme, c'est toujours un peu factice. Je préfère me confronter à l'immobilisme d'une scène, en la trayant jusqu'au bout, comme disait Hitchcock je crois. Par exemple dans *Gentille*, après cette idée d'entrer par effraction, je me demande ce qui est parallèle ou similaire, et ce qui me vient c'est que c'est une fille qui marche assez longuement, elle a des dossiers, donc un travail, mais elle semble pensive. Elle s'arrête, puis repart en arrière. Qu'est-ce qui peut la faire revenir en arrière ? Encore une fois, ce n'est pas pour la symbolique du truc, c'est l'envie de voir une fille qui marche – on ne sait pas vers où – et qui pense à quelque chose – on ne sait pas à quoi. En repartant en arrière, elle dit à quelqu'un d'arrêter de la suivre. S'ensuit un quiproquo, motif que je trouve toujours très riche : ça exponentialise l'idée qu'on ne sait pas ce qu'on fait dans ce monde, avec qui, et qu'on se trompe sur ce qu'est notre environnement, l'autre, la situation.

Elle lui dit qu'elle n'irait jamais prendre un café avec un inconnu, puis la séquence se termine au café.

Oui, elle est tellement gênée par le quiproquo qu'elle se sent obligée de l'inviter à prendre un café. Puis elle se retrouve à le suivre, parce qu'elle va dans la même direction. Et Emmanuelle Devos est tellement bien, il n'y a qu'elle qui peut jouer comme ça la gêne, le trouble, sans dire un mot. Quand on tourne avec de tels acteurs, être compris dans son désir, voir le résultat de sa pensée projeté, c'est très fort. Quand je dis à Emmanuelle Devos de le suivre sans rien dire, mais qu'il faut que l'on comprenne qu'elle est désolée parce qu'elle prend la même direction, ce n'est pas évident. Elle le fait hyper bien.

Vous avez écrit pour elle ?

Oui, ça aide, je pense tout le temps à son phrasé particulier, au fait qu'on puisse lui mettre des mots dans la bouche qui peuvent sembler difficiles à dire ou croire, et qu'elle y arrive parce qu'elle a l'intuition et l'intelligence des mots. Et aussi sa dégaine. C'est très important pour moi le physique, l'allure, la démarche. Je fais marrer les gens parce que j'imite la démarche des actrices. Elles ne marchent pas du tout pareil ! Quand je les visualise, c'est plus simple d'écrire, c'est comme une image qui se dépose sur l'écran d'ordinateur. Je n'écris pas en fonction de qui elles sont mais de comment elles sont physiquement, comment elles parlent. Leur personnalité ne m'inspire pas du tout.

Et pour le choix des deux acteurs masculins principaux ?

J'ai assez vite pensé à Lambert Wilson. J'avais envie de l'attirer dans un truc dans lequel il n'est pas forcément à l'aise, un espace d'insécurité tant pour le personnage – qui est en dépression – que pour l'acteur – parce que c'est peut-être un peu plus étrange que ce qu'il fait habituellement. J'ai ensuite pensé à Bruno Todeschini, avec l'idée d'une opposition à Lambert Wilson. Il me fallait deux mecs séduisants, mais Bruno respire le type posé, bien dans sa peau.

Vous disiez écrire des scènes en voyant l'agencement des plans, avez-vous besoin de voir les décors rapidement, dès l'écriture ?

Non, les décors apparaissent au moment des repérages. Pour tous mes films jusqu'à *Un chat un chat*, j'ai travaillé avec Antoine Platteau comme chef décorateur, dans une grande confiance. Je savais qu'il saurait trouver l'endroit, ou le détail. Ce n'est pas primordial en fait, j'écris avec des images précises mais sans décor. Quand j'écris une situation dans une clinique, je sais juste qu'il faudrait une clinique un peu bourgeoise, avec un parc pour certaines scènes, c'est tout. Eh bien, on l'a créée de toutes pièces dans un parc près de la porte Dorée. Avec deux bureaux vitrés, parce que j'ai écrit la séquence comme ça. Donc ça compte, quand je l'écris, on doit trouver une solution. En l'occurrence avoir deux bureaux jumeaux, de façon à ce qu'on soit dans le bureau d'Emmanuelle Devos, dans lequel Lambert Wilson se tient à sa place à elle. C'est elle le médecin, mais elle se trouve à la place du patient car elle ne va pas bien. Et dans l'autre bureau se trouve Bruno Todeschini.

C'est une séquence dans laquelle les réactions des uns et des autres participent au comique. Quand vous l'écrivez, vous pensez déjà au découpage ?

Oui, j'écris en pensant à l'image. Je me souviens, sur cette scène, j'avais en tête quelque chose d'assez découpé : d'abord avec des champs-contrechamps, dans chaque bureau, le changement d'axe quand l'infirmière arrive, pour comprendre les lieux, puis des gros plans sur les chaussures, la poubelle, montrer qu'elle est pieds nus – parce que ce n'est pas la même chose de le savoir. Il faut voir. J'avais une assistante – super par ailleurs – qui me conseillait de faire d'autres plans, ce qui m'agaçait. Je l'ai fait quand même, sans les utiliser au final au montage. D'autres fois, elle me disait des choses très justes, mais sur cette séquence, en peu de plans on pouvait comprendre beaucoup de choses, de la situation, des personnages. La configuration du décor, la circulation dans cette séquence ne nécessitaient pas tant de façons de tourner. Les réactions par contre, oui, c'était important. Dans cette séquence, il fallait que Bruno Todeschini arrive, qu'il incarne pour nous le regard qui se dit : « Y a-t-il anguille sous roche ? » On sent un peu qu'il se passe un truc entre Emmanuelle Devos et Lambert Wilson, mais est-ce qu'on a raison de le sentir ou pas ? Si Bruno Todeschini arrive et assiste à la fin de cette situation, et qu'il commente ensuite, on peut penser à la même chose que lui. D'une manière générale, les réactions c'est un ressort comique que j'adore. Dans *Aïe*, toutes les scènes entre Hélène et Alain Dussolier reposent là-dessus. Sur l'impact : pas tant ce qui est dit que la façon dont l'autre le reçoit.

Comment travaillez-vous avec le chef opérateur ?

On discute beaucoup. Ça paraît crétin, mais je veux toujours que ce soit beau. Je connais très mal la technique, je m'exprime avec mes mots, ça donne de vrais dialogues avec les chefs opérateurs. Sur *Gentille*, c'était Christophe Pollock, qui me disait toujours à notre arrivée sur le décor : « Alors, on se met où ? » Et tout le monde me chambrait parce que je répondais toujours : « Bah, devant. » Pour moi, il y a un devant des choses. Et un arrière. Devant ne veut pas dire en face ; c'est l'endroit où mettre la caméra pour saisir ce qui s'offre au regard dans ce qu'il se passe. C'est aussi une forme de simplicité, mais pas que. Par exemple, si je devais vous filmer, ici [face à nous qui lui posons les questions] ne me paraît pas être le devant. Ce serait plutôt là [de côté], avec vos deux visages tournés dans la même direction.

Votre image est souvent réaliste,
mais pas non plus naturaliste.

Oui, je veux toujours que ce soit un peu travaillé quand même. Je n'essaie pas de reproduire la vie. Je n'aime pas qu'on donne l'impression que ce n'est pas un film, que ce n'est pas du cinéma. Car quand on fait un film, on hisse les choses un cran au-dessus du naturalisme, que ce soit par l'image ou les dialogues. Il en va de même pour le jeu, qui est très lié à l'écriture. Si on respecte la ponctuation, ça imprime. Je donne peu d'indications de jeu, il faut vraiment que ça vienne de ce qui est dit.

Vous parlez des personnages avec les acteurs ?

Non, très peu. Je ne donne aucune explication sur quoi que ce soit. On fait une mise en place pour les déplacements, plus une lecture à l'italienne – sans jouer, ni mettre le ton. J'adore ça, il suffit de lire le texte. Peut-être aussi que je contamine le texte par ma présence ? Je n'ai jamais eu de mauvaises surprises avec les acteurs en tout cas. C'est aussi lié au fait que ce sont des acteurs géniaux, même s'ils fonctionnent tous différemment. Emmanuelle Devos n'aime pas qu'on lui montre par exemple, alors que Chiara Mastroianni, ça l'amuse.

Les noms des personnages, ici Fontaine Leglou et Michel Strogoff, indiquent bien que l'on n'est pas dans le réalisme.

Oui, c'est capital pour moi les noms, dans cette idée que le cinéma n'est pas la vie. Il faut embellir, rehausser, creuser. Il ne s'agit ni d'imiter, ni de faire croire ou ressentir la supposée vraie vie. Ce n'est pas comme ça qu'on arrive à trouver un truc juste, ou vrai. C'est en faisant mouche. Et faire mouche, ça passe entre autres par la nécessité pour mes personnages – qui expriment toujours une difficulté à être au monde, à s'insérer – d'être singuliers. Ce n'est pas commode de s'appeler Fontaine, ou Pomme dans *Arrête ou je continue*, même si ce sont de vrais prénoms. Michel Strogoff, on n'est pas sûr d'avoir bien entendu son nom la première fois, ou alors on se demande s'il s'agit d'une blague. Choisir ces noms insuffle un ton, une obligation d'être à la hauteur.

Cette fantaisie doit être dosée ?

Oui bien sûr, il faut se retenir. Je gère ça surtout à l'écriture, je vais lentement parce que ce n'est pas que de l'inspiration, il faut aussi ne pas être redondant, doser les aspects plus fantaisistes. Je n'utilise pas le mot « loufoque », qu'on a parfois associé à mon cinéma – pour moi, le mal-être de mes héroïnes est un vrai truc grave. Elles ne sont pas tant décalées qu'obligées d'être comme ça – je ne comprends même pas pourquoi tout le monde ne se sent pas obligé d'être ainsi. C'est pourquoi je ressens de la reconnaissance lorsque les spectateurs rient, marchent à ce que je fais. Il y a du commun.

Dans une scène, Fontaine va chez ses beaux-parents. Son beau-père, interprété par Michael Lonsdale, porte un gros pansement sur la joue, inquiétant bien que désamorcé tout de suite par le personnage.

C'était un peu inspiré des parents de Pascal Bonitzer – mon ex et le père de mes enfants. Je me souviens que son père avait parfois des boutons sur le visage qui me dégoûtaient un peu. Je n'ai pas consciemment choisi le pansement en rapport avec lui, mais mon inconscient a dû y penser! J'aime bien aussi, dans cette affaire de pansement qui lui prend la moitié du visage, qu'il dise: « Ce n'est rien. » L'idée du pansement tombait vraiment bien lorsque j'ai su que Michael Lonsdale acceptait – c'était aussi une façon de le désacraliser. Il a un génie du texte, du jeu, il est grand, chevelu. À la fois, ce pansement abaisse et rehausse la situation. L'idée est de proposer, autant que possible, un regard sur le monde et les autres. C'est un truc sur le dégoût aussi: lorsqu'elle doit lui faire la bise, elle ne peut pas lui refuser, il faut trouver la bonne façon.

La scène dans laquelle Michael Lonsdale monologue, de façon très douce, est très belle.

Même si elle sait que son beau-père est un peu bizarre, Fontaine ne s'attend pas à ça. C'était une scène très compliquée, c'est un très long monologue, il faut y croire, et suivre ce qui est raconté. J'adore ça, lorsque quelqu'un raconte un truc qu'on n'a pas vu. J'ai repris ça dans *Un chat un chat*, où à plusieurs reprises on ne voit pas des choses qu'on aurait pu voir, mais qui sont plutôt racontées par les personnages. Pour cette scène de *Gentille*, je pense que ça aurait été moins bien avec un acteur moins singulier. Là, je n'ai pas eu peur d'en rajouter dans le singulier, parce que ça donnait vraiment l'impression de venir de lui, surtout avec le physique qu'il a à ce moment-là.

Toutes les scènes dans cet appartement sont aussi formidables parce que la tapisserie est incroyable – un papier peint vert au milieu d'une jungle vraiment fournie.

On ne l'a pas ajouté ! Je cherchais un appartement très 16e arrondissement, bourgeois, feutré. En en visitant un, lorsque j'ai vu la tapisserie, j'ai dit : « C'est là ! »

Quels étaient les enjeux au montage ?

Trouver le souffle du film est plus difficile que monter l'intérieur des séquences. Mais quand même, il faut maximiser ce qu'apportent les séquences, en termes d'écriture, de jeu, de situation. J'ai présenté le film il y a quelque temps en salle, je ne l'avais pas revu depuis très longtemps, et je me suis rendu compte que ce n'est pas un film sur le mariage. Et à peine sur l'amour. J'ai trouvé le pitch tardivement à l'écriture, je pensais que c'était un film sur le mariage. En fait, c'est un film sur le doute, sur notre place, sur ce qu'on fait là.

Un chat un chat (2009)

Vous nous avez dit ne pas écrire de scènes d'exposition, néanmoins, dans les premières séquences de ce film nous avons des renseignements sur les personnages, donnés sous couvert d'un ton où l'on retrouve une certaine inquiétante étrangeté, dans la situation et le jeu.

Je ne me le formule pas ainsi, mais je me dis toujours, comment corser un peu, comment montrer qu'il y a un endroit et un envers aux choses ? Avec une idée de comédie aussi. L'idée d'être « devant » les choses, quand je filme, me vient parce que dans l'écriture, la teneur de la scène, la caractérisation des personnages, je passe toujours par le côté. Pour sentir cette entrée par la bande, mais sans surenchérir, il vaut mieux que chaque scène soit filmée un peu comme le théâtre de la langue. Quand je vis ma vie, parfois des choses font scènes, et par l'écriture je retravaille ces situations. La séquence au tabac est très inspirée de choses personnelles. Je fumais beaucoup, et à chaque fois que j'achetais des clopes, j'avais envie de leur dire de ne pas me les donner, qu'il fallait que j'arrête.

La mise en scène de cette séquence au tabac – un plan un peu large permettant d'inscrire les personnages dans leur environnement, et le champ-contrechamp comme vecteur du comique fondé sur la réaction devant une situation – va être la grammaire principale du film.

J'aime bien ça, oui. Le comique passe par l'écoute. Il faut qu'on soit avec celui qui reçoit, sinon on est perdu, on ne veut pas de cette fille comme personnage principal, elle est trop bizarre. Alors que si quelqu'un d'autre pense comme nous, ça va aller. La réaction du personnage face à elle nous aide à supporter, comprendre, regarder l'héroïne.

Quelle était ici l'image originelle à partir de laquelle vous avez commencé à écrire ?

Je voulais un enfant. Je voulais une héroïne avec un enfant. À part ça, c'est très bête, je n'avais pas d'idée, je ne savais pas sur quoi écrire, je me sentais en panne. Je pensais que mes trois premiers films étaient ce que je devais faire, et qu'avec *Gentille*, j'étais au maximum de ce que j'avais à proposer, de ce qui faisait peut-être ma spécificité, mon ton. *Gentille* est un film dense, il recoupe beaucoup de choses que je voulais dire et faire. Alors pour *Un chat un chat*, j'ai commencé, comme beaucoup, par écrire sur ma panne d'inspiration.

Et raconter l'histoire d'une fille qui pense qu'elle n'a plus rien à écrire. Une fois assumée cette idée – pas mirobolante –, j'ai pensé que ma fille Agathe Bonitzer pourrait jouer quelqu'un qui veut être dans l'imaginaire de l'autre. Elle veut qu'on écrive sur elle, être un sujet. Cette envie d'exister d'Anaïs, le personnage qu'interprète Agathe, est très émouvante. Et pour contrebalancer son insistance, son obstination, il fallait quelqu'un de touchant, comme Agathe. L'écriture et les actrices doivent permettre de trouver le bon équilibre pour suivre l'histoire. Y croire. Peut-être que pour plein de gens c'est trop, mais pour moi c'est le travail de l'écriture que de trouver comment emmener le spectateur. C'est à la fois net et un peu progressif. L'enfant du personnage que joue Chiara Mastroianni permet aussi de lester un peu les choses, car elle doit s'en occuper.

De tous vos films, malgré des moments douloureux pour les personnages, il est peut-être celui qui porte le plus attention à l'idée de prendre soin.

Oui, l'idée de veiller l'une sur l'autre. Autre chose m'a lancée dans le personnage incarné par Chiara Mastroianni : l'idée du gâteau qu'elle fait en dormant, somnambule. Ce n'est pas une idée de moi, je l'ai lue dans un entretien avec Anna Karina dans lequel elle racontait que jeune, elle se levait et faisait la cuisine pendant la nuit. J'ai tout de suite su que je l'utiliserais, c'est trop beau.

Chiara Mastroianni interprète l'écrivaine en panne, qu'Agathe Bonitzer suit dans l'optique de devenir le sujet de son futur roman. Vous avez écrit en pensant à la seconde, vous aviez aussi la première en tête à l'écriture ?

Non, mais c'est venu assez vite. Je ne pensais à personne en particulier pendant l'écriture, mais je n'ai pensé qu'à Chiara Mastroianni quand la question s'est posée.

Vous lui avez proposé une lecture pour confirmer votre choix ?

Oui, avec Agathe je crois. Je me vois encore chez elle lorsque je l'ai rencontrée. C'était marrant. Elle a été ok tout de suite, au bout de deux minutes notre rendez-vous était terminé. On a discuté d'autres choses ensuite. On a fait une lecture, mais pour commencer à travailler, pas pour vérifier quoi que ce soit. Je l'avais vue jouer bien sûr, je l'aime beaucoup, j'adore sa façon de marcher. Immédiatement j'ai eu l'idée du costume tout en jeans, ses bottes de cow-boy. C'est vraiment la cow-boy, qui va à la rencontre de ce qu'elle a à faire. De ce qu'elle doit faire. Vaillante, mais elle n'en peut plus, merde quoi.

Pour les costumes d'une manière générale, vous avez rapidement en tête des idées, ou vous mettez cela en place avec les comédiens et la personne responsable des costumes ?

Je n'ai pas d'idées à l'écriture, à moins qu'il y ait des choses nécessaires, du genre « elle se prend les pieds dans la jupe », dans ce cas, je sais qu'il faudra une jupe longue. Sinon, je ne vois pas comment les personnages sont habillés à l'écriture. Une fois que je sais qui va jouer, on en parle avec la costumière. Les acteurs aiment bien l'idée du costume, que le cinéaste ait une idée. Ça aide à jouer.

À l'intérieur des plans, souvent, un élément vient en contrepoint de la scène.

Oui, j'y pense dès l'écriture. Je n'aime pas les choses gratuites, mais je n'aime pas non plus quand c'est uniquement fonctionnel. Il faut toujours qu'en plus de l'avancée narrative il y ait un truc un peu plus incertain. Ce sont deux lignes que j'essaie de suivre en parallèle dans mes scènes. Pas toutes, mais notamment quand il y a des informations à établir, j'aime bien qu'il y ait un contrepoint, une « contrevoix ». Un deuxième fil. Ce n'est jamais que l'un ou que l'autre qui m'intéresse, c'est les deux.

C'est une façon très musicale de procéder.

Oui, j'ai d'ailleurs beaucoup de mal à trouver les endroits où mettre de la musique, car j'essaie déjà dans chaque scène de trouver des notes de dialogues qui viennent perturber le cours des choses. Comme dans la vie d'ailleurs, les choses ne sont pas prévues comme de l'eau de roche (*sic*).

Dans la séquence à la cantine de l'université, les deux personnages se font une sorte de déclaration d'amour. D'une écrivaine à son personnage, du cinéma à ses personnages.

Ça rejoint l'idée de quelqu'un qui raconte quelque chose qu'on n'a pas vu. Il y a une expression en anglais, *out on a limb*, qui signifie qu'on se met en danger, qu'on s'expose. Pas « sur un fil », qui suppose l'idée de basculer, il s'agit davantage de s'aventurer sur un chemin non encore balisé. Dans cette scène, il y a un peu ça, que la puissance des mots l'emporte. On s'aventure sur une branche très fine, et ça tient.

La puissance des mots, c'est la puissance de la fiction, qui crée tout un ensemble de liens : entre l'écrivaine et son personnage – elle lui parle, lui trouve une grand-mère, un amoureux… –,

de même qu'entre la cinéaste et son personnage, et en l'occurrence, entre la cinéaste et sa fille.

Je me souviens de l'ébahissement d'Agathe dans la séquence, vachement émouvante, où l'écrivaine explique à Anaïs comment elle lui a trouvé une grand-mère. Il ne s'agit pas uniquement de la façon dont elle construit son personnage, on ne sait carrément plus du tout où on est ! Est-ce le pouvoir de la fiction ? Ce que lui dit le personnage de Chiara à ce moment-là autorise le personnage d'Agathe à avancer. Ça la libère. Ce n'est pas uniquement pour son livre, Chiara fait véritablement quelque chose pour Agathe. Il y a une réelle connexion, Chiara va pouvoir réécrire, et Agathe réalise qu'elle est un sujet, et donc qu'elle peut être actrice de sa propre vie.

Dans cette séquence à la cantine, elles sont filmées ensemble, dans le même plan, à l'inverse de leur première rencontre dans un café, où elles sont filmées en champ-contrechamp, chacune isolée dans son propre plan. Cette idée que leur cheminement va leur permettre de se retrouver dans le même cadre, vous l'aviez écrit ainsi ?

Oui, c'était quelque chose de conscient. Ce n'est pas du tout anodin que dans la deuxième séquence, les deux soient dans le même plan. Dans la première, elles se retrouvent quand même dans le même champ pour la première fois – même si l'une est de dos. Au bout de vingt-cinq minutes de film, on se pose avec elles. Elles ne sont pas encore dans le même plan, mais parfois l'une d'elles est en amorce – on voit au premier plan l'épaule et les cheveux de dos. C'est une façon de les positionner l'une par rapport à l'autre.

Lorsqu'elles se croisent dans le métro, chacune dans un wagon opposé, l'échange est très beau.

Il y a un élan, oui. Par rapport à ce qu'on se disait sur la façon de filmer les personnages dans le même plan ou pas, le climax, c'est cette scène de métro, elles ne sont pas dans le même endroit, mais elles sont dans le même plan. On m'a conseillé de terminer là, mais le film est l'histoire du personnage de Chiara, et même si c'était moins payant, il fallait la suivre après. C'est une scène super qui a été compliquée à tourner : deux métros qui se croisent avec les actrices assises, c'est un enfer. Impossible à tourner. Alors pour donner l'impression qu'elles se croisent sur deux rames de métro opposées, on a fini par filmer l'une depuis le métro, avec l'autre assise sur une chaise, sur le quai d'en face. On tirait la chaise comme une sorte de travelling pour donner la sensation du mouvement, de façon à faire croire qu'elle était aussi dans un métro. Et pareil de l'autre côté pour faire un contrechamp. Après ça, je me suis dit : « Plus jamais le métro. » Et dans mon prochain film, que je tourne le mois prochain, on a une scène de métro….

Nous avons évoqué le dosage minutieux entre la logique et la fantaisie, la mélancolie et la comédie, pour gagner sur les deux tableaux. La première fois que le personnage qu'interprète Chiara Mastroianni fait un gâteau, la nuit, sa mère la rejoint très naturellement, puis son beau-père. Mais les mouvements et les échanges sont étranges, sans être incongrus, ce qui met le spectateur dans une situation de doute quant à ce qu'il voit.

Je mets le spectateur dans certaines conditions, de façon à ce qu'il accepte, m'accompagne, me suive dans ce que je propose. Dans la scène que vous évoquez, elle fait un gâteau la nuit, sa mère débarque en lui demandant ce qu'elle fait et, somnambule, elle est en réalité en train de dormir. Déjà on a du mal à y croire. Puis lorsque le beau-père arrive et la confond avec une autre écrivaine, on se dit que c'est complètement foutraque. Que c'est n'importe quoi. Comment faire pour que ça n'apparaisse pas comme une surenchère de loufoquerie ? Quand j'écris, ça ne l'est pas pour moi, ça me semble très naturel, parce que ça part de quelque chose de très solide. Un mal-être, une mélancolie. Une vraie interrogation sur la vie.

Je me sens toujours un peu « protégée » par ça. Ça me permet d'aller loin, je me dis qu'il y a quand même un fond qui n'est pas que ludique. Ça ne marche que si c'est déjà arrivé. Les dialogues indiquent que sa mère n'est pas surprise, qu'elle a déjà vu sa fille faire un gâteau la nuit. Le jeu l'indique. Jouer correctement la surprise devant cette situation aurait été très compliqué, alors que jouer neutre est plus étonnant. Il faut à la fois rehausser et descendre.

Le montage y contribue aussi.

Oui, qu'est-ce qu'on voit ? Faut qu'on ait des trucs à regarder. Il ne faut jamais oublier que c'est avant tout une image. Il faut voir assez. Les gestes, les œufs, les ingrédients. Le bordel, la farine partout. Et pas uniquement sur ce que la scène veut dire. Il faut que la situation déborde, mais sans tomber. C'était un challenge pour moi, je voulais faire une séquence de rêve. Pour aller au festival de Berlin où le film a été sélectionné, nous avons pris l'avion. Chiara était en première, j'étais en éco avec Agathe à l'arrière. À un moment Chiara vient vers nous avec une coupe. On lui dit qu'elle a du champagne, comme dans le film. Elle nous répond que ce qui est dingue, c'est qu'on lui propose d'aller dans le cockpit ! J'ai horreur de prendre l'avion, et quand elle repart avec l'hôtesse, je lui dis, avec tout mon cœur : « S'il te propose de piloter, tu refuses ! » Les gens m'ont un peu prise pour une folle. Elle est allée dans le cockpit, elle m'a ensuite invitée à la rejoindre, avec deux coupes de champagne. On leur a raconté le film, j'avais peur que Chiara ne les distraie trop. C'était hallucinant.

Quelles étaient les difficultés au montage ?

Il y avait cette question autour de la fin du film. Tout le monde trouvait que la fin était parfaite, sans l'épilogue. On a bien bataillé, on a essayé plusieurs trucs, mais j'étais sûre qu'il ne fallait pas finir sur le métro. Ça nous a préoccupés longtemps, sur tout le mouvement du film : qu'est-ce qu'on racontait, c'est l'histoire de qui ? On avait beaucoup plus de choses avec le personnage joué par Agathe, on voyait ses parents, il y avait une scène avec un frère ou une sœur, je ne sais plus – on a enlevé vingt minutes. À un moment donné, on a compris que ce n'était pas équivalent, qu'il ne fallait pas la connaître à ce point-là. Il ne fallait pas découvrir d'où elle venait, son milieu… La scène avec la famille était super, très drôle, mais c'était en trop.

C'est au montage que vous avez décidé qu'il s'agissait de l'histoire d'une écrivaine qui rencontre un personnage ?

Il fallait rester avec Chiara. Il ne fallait pas en savoir trop sur Anaïs, ça aurait fait « chacune sa bizarrerie ». Et c'était trop en miroir, alors que ce n'était pas la question.

Arrête ou je continue (2014)

Comment se passait la collaboration avec Martine Marignac, qui a produit tous vos films de *Aïe* à *Arrête ou je continue* ?

C'est difficile de définir notre relation, Martine était vraiment quelqu'un d'extrêmement libre artistiquement, et qui offrait une liberté démente à ses auteurs. Elle avait foi en eux, en leur qualité d'auteur en général. Elle ne contaminait pas du tout le travail. Je ne l'ai quasiment jamais entendue me demander de refaire un truc. Pourtant elle soulevait des choses dans le scénario, elle lisait et m'appelait : « Bien sûr, c'est tout ce que j'aime, mais je ne sais pas où tu vas ! » Mais sans se montrer plus inquiète que ça. Les films ne coûtaient pas très cher, elle ne se souciait pas vraiment du succès, davantage de la réception de la presse.

Le budget des films implique des choix de mise en scène ?

Pas vraiment, mes films coïncident avec leur économie. Je ne me suis jamais sentie brimée. Même quand il y a des choses un peu compliquées, comme la scène avec la biche dans *Arrête ou je continue*. On a fait des castings de biches et chevreuils, et de dresseurs. On a fait ce qu'il fallait pour que ce soit le mieux. Martine ne mettait pas d'opposition.

Avez-vous écrit à nouveau à partir d'une image ou une situation précise ?

D'une situation précise : être en forêt, et dire : « Je reste. » C'était l'idée de ne pas rentrer. Et puis, être en forêt suppose une randonnée, quelque chose de physique qui me permettait de raccorder avec l'idée de la survie. La survie psychologique difficile de cette femme dont le couple tourne à vide.

Vous saviez dès le départ qu'il y aurait de longs moments sans paroles ?

Oui, c'est le premier film où j'ai envie de voir ce que j'arrive à faire si ça ne parle pas. Je l'ai évoqué dans ma note d'intention pour l'avance sur recettes[17] : qu'est-ce que j'ai envie de filmer, est-ce que je sais montrer, qu'est-ce que je sais exprimer sans paroles ?

17 L'avance sur recettes est une aide financière accordée par le Centre national du cinéma et de l'image animée (CNC) à des projets de longs-métrages de nationalité française ou majoritairement française.

Ce sont ces questions qui nourrissent l'histoire ensuite ?

Oui, la rupture était secondaire. D'ailleurs, pour moi ce n'est pas tellement un film sur une rupture – même si ça se termine ainsi. C'est un film sur la durée d'un couple, la conjugalité. L'idée était d'atteindre un point limite, qui fait qu'elle refuse de rentrer. Elle va en forêt et se réfugie dans un trou, qui fait office à la fois de nid et de tombe – cette idée m'est venue assez vite. Je me suis ensuite dit qu'il serait plus frappant que ce soit lié à une situation de couple. Je l'ai un peu réfléchi ce couple, il fallait que ce soit incertain. Comment arrêter lorsque le couple n'est plus qu'une combine ? Une combinaison des accords et désaccords. C'est un mot qui est apparu très tôt. Je voulais montrer ça, quelque chose qui tourne mécaniquement.

On retrouve un duo d'acteurs – Emmanuelle Devos et Mathieu Amalric – qu'on a déjà croisé dans d'autres films avant celui-ci.

À dire vrai, je n'ai pas pensé à Mathieu tout de suite. Il venait de faire le James Bond, *Quantum of Solace* (Marc Forster, 2008), il était très demandé. Par contre, j'ai vite pensé à Emmanuelle. Quand je l'ai finalement proposé à Mathieu, il a tout de suite dit oui.

Vous aviez aussi l'idée de réunir un couple de cinéma[18] ?

Quand Mathieu a dit oui, j'ai réécrit quelques trucs, sa présence amenait des variations sur le personnage de Pierre – de la noirceur là où le couple travaillait à ce qu'il y ait encore un peu de douceur, et de l'humour là où le couple était carrément dans le noir. Il y avait une ambivalence dans sa relation à elle qui était très forte, son élasticité devenait encore plus grande. Et bien sûr, le couple Devos / Amalric a existé dans d'autres films, très heureux. On pouvait donc les accueillir dans ce film dans un moment plus difficile de leur relation. Je voulais qu'il y ait un truc souterrain qui vienne de l'inconscient des spectateurs, qui les ont vus jouer ensemble ailleurs. C'était délibéré.

Est-ce que leur connaissance mutuelle a facilité le travail ?

C'est surtout dans l'imaginaire des gens que ça agit. Emmanuelle et Mathieu s'admirent, se respectent, s'aiment beaucoup, mais finalement pour eux, ça ne change pas le fait de jouer. Ils ne peuvent pas s'appuyer là-dessus, mais ils savent se regarder, et comment ils sont regardés par l'autre. Leur intimité joue sur l'ambiance

18 *Arrête ou je continue* est le septième film où Emmanuelle Devos et Mathieu Amalric partagent l'affiche, le plus souvent en tant que couple.

du tournage, mais pas vraiment sur le jeu. Comme je le fais pour chacun de mes films, on a fait plusieurs lectures. On ne fait pas de déplacements, mais il s'agit d'une lecture avec quelques intentions de jeu, dont on discute. Ça dure deux heures à peu près. Je procède comme ça depuis le début. On recherche une sensation, un rythme. Ce n'est pas du travail, je ne coupe pas par exemple. C'est davantage une façon de casser le « sacré du texte », de passer du truc écrit que chacun lit chez soi à un dialogue incarné. Qu'ils voient l'importance de la ponctuation.

Comment travaillez-vous en tournage, vous faites beaucoup de prises ?

Une dizaine. Je cherche du jeu – ce qu'intuitivement je projette comme jeu. Quand il y a un peu de comédie, parfois ça tient à peu de choses pour qu'une scène bascule ou pas. Je ne fais pas un cinéma désopilant, mais parfois un peu inquiétant, il faut donc trouver une justesse de jeu, le bon rythme, la bonne écoute entre les acteurs. J'essaie toujours d'approcher au plus près de la musique, du rythme que j'ai dans la tête.

Cette musique que vous évoquez suppose que vous avez une idée du montage ?

La façon dont je tourne ne donne pas de grande latitude au montage.

La tonalité de l'image et les mouvements de caméra sont un peu différents dans ce film.

Oui, c'était délibéré. Comme pendant tout un pan du film, on n'allait pas se reposer sur du dialogue, j'avais à cœur que ce soit beau. C'est toujours le cas évidemment, mais là, rester comme ça dans la forêt, c'est une situation assez folle et sombre, et qui en même temps devait être salvatrice. Ça la fait se régénérer. C'était donc d'autant plus important que ce soit plastiquement vaste, vert, liquide.

C'est presque féérique, avec les couleurs que vous évoquez, l'apparition de la biche, et la lumière qui semble artificielle, comme une nuit américaine. Vous avez ajouté des lumières le soir ou le matin pour tourner et donner cette impression ?

Oui, il me semble qu'on a tourné entre chien et loup. La scène où se trouve vaguement de la neige, lorsque Mathieu est avec la couverture de survie, est très belle aussi. J'étais très contente de la lumière et des cadres d'*Un chat un chat*, ma première collaboration avec la cheffe opératrice Emmanuelle Collinot. Du coup, sur *Arrête ou je continue*, j'avais envie de soigner l'image, qu'on la voie, pour moi, mais pour elle aussi, parce qu'elle a beaucoup de talent. On s'est donc mis un peu la pression ! Il fallait qu'il y ait une espèce de force, pour supporter presque trente-cinq minutes de silence.

Les mouvements de caméra apparaissent doux alors même que la situation est dure.

C'est assez enveloppant. Je voulais effectivement donner la sensation que c'était doux en apparence, caressant, alors qu'à l'intérieur ils sont complètement tiraillés. Lorsqu'il passe par-dessus le lit pour aller récupérer son paquet de clopes, pour éviter d'avoir à la frôler, je le visualise dès l'écriture parce qu'elle raconte qu'il ne veut même pas l'approcher. Ça fait un effet de violence, et en même temps de drôlerie. Va-t-elle succomber à la drôlerie de faire ça, ou succomber et se ratatiner à cause de la violence qu'il lui fasse ça ? Tout allait dans ce sens-là. J'avais aussi un peu envie de préparer le temps pour le dernier plan du film, très long, en plan-séquence. Il y a d'autres plans-séquences dans le film, mais découpés au montage.

La séquence dans la cuisine, dans la première moitié du film, est pensée dès l'écriture en miroir avec la dernière séquence du film ?

Oui, je savais qu'elles se feraient écho. Je voulais revoir le film, parce que je croyais avoir enlevé dans la dernière séquence le moment où il recule les aiguilles de la pendule.

Ce moment est bien dans le film. Il a l'habitude de remonter les aiguilles de la pendule pour signifier qu'ils peuvent revenir avant le moment de la dispute. C'est un truc entre eux. Mais dans la dernière séquence, elle lui répond que « ces trucs ne fonctionnent plus ».

Oui, ça me semblait impossible de l'avoir enlevé, mais je ne le visualisais plus. Cette scène souligne que le temps de leur amour s'est arrêté.

Comment avez-vous travaillé cette séquence très chorégraphiée ? Vous avez beaucoup répété ce plan-séquence, la circulation, les dialogues ?

Oui, beaucoup. Je m'étais un peu torturée : est-ce que je peux tenter un plan-séquence fixe ? C'est très rare, mais j'ai demandé aux deux acteurs de jouer sans que je leur donne d'indications précises – normalement, je donne des informations assez rigoureuses. Je verrais ensuite où mettre la caméra. J'ai été scotchée par la durée du plan, je me suis dit qu'il ne fallait pas le couper. Je leur ai dit qu'il n'y avait pas moyen de découper ça au tournage, il fallait faire un plan-séquence. Ça devait se passer en direct, pour montrer l'instantané du moment. Il n'y a pas moyen de tricher, tout découpage ou tout montage me paraissait une tricherie pour ce moment où justement, ça ne doit pas tricher. Ils doivent être en face l'un de l'autre. On a un peu pataugé, mais ça s'est imposé. Il n'y avait d'ailleurs pas de back-up, on n'avait pas tourné d'autres plans.

Vous faites aussi un champ-contrechamp saisissant, sans paroles, dans la cuisine.

C'était nécessaire pour montrer où ils en sont. Le terme rapport de force est faible compte tenu de ce qu'ils vivent. Le silence met l'autre au défi – ce champ-contrechamp dans le silence, c'est une façon de défier l'autre. Je me souviens que lorsque je les dirigeais, je parlais de ce défi, mais leur rappelais aussi qu'ils se sont aimés. Ils sont faits pour être ensemble, mais ça a trop duré, ça grippe. J'essaie de montrer l'impossibilité de continuer et l'impossibilité d'arrêter. À la fin, j'aspire à un moment poignant. On espère un sursaut, raison pour laquelle on a tourné deux fins. Dans la version finale, elle sort du cadre dans le film, on entend la porte qui claque et lui s'assoit, avec un air très opaque. On ne sait pas s'il est soulagé ou non, même s'il semble vouloir se remettre avec elle. Son regard est super dans ce plan. On a aussi tourné une fin où il la retient, et la ramène dans le cadre. Elle sort du cadre et il va la chercher, sans que la caméra ne bouge. Ça se terminait comme ça, sans baiser ni rien, mais les deux dans le cadre.

Comment avez-vous fait votre choix entre ces deux fins ?

Au montage. Avec la monteuse, Valérie Loiseleux, ça nous a semblé évident qu'elle ne pouvait pas rester. Qu'il fallait qu'elle parte, qu'il ne pouvait pas la retenir. Le happy end, c'est son départ, et pas qu'ils se retrouvent. Sur le tournage, j'avais peur de regretter une autre fin. La scène joue sur un équilibre fragile, ça pourrait matcher, mais non. C'était tellement à cheval entre deux décisions que j'ai ressenti le besoin de tourner l'éventualité où elle reste. Tout le reste de la séquence était la même, on a refait intégralement le plan-séquence.

Comment s'est passée la collaboration avec Christophe, qui a composé la musique ?

J'adore depuis toujours ce chanteur. J'ai pensé à lui au montage. Drôle de collaboration, il ne voulait rien voir, ni lire le scénario. Il m'a proposé de venir chez lui vers 23 h 30 – je me couche vers 21 heures en général. Il m'a demandé de quoi parlait le film, et quels mots j'utiliserais pour raconter le film en trois phrases. « Je verrai si ça m'inspire. » Quelle pression ! J'ai dû dire un truc avec le mot « combine ». Je n'avais pas encore un titre définitif je crois, ce qui est rare parce qu'à chaque fois que je commence à écrire, j'ai déjà le titre. Le premier titre de ce film d'ailleurs était *Non*. Mais la productrice Martine Martignac m'a dit : « Euh, non, on va éviter ! » Heureusement que je ne l'ai pas appelé *Non*. Christophe était très attentif, notamment aux mots que je choisissais. Je faisais très attention au vocabulaire. Il s'est levé, m'a dit penser à un truc, il est allé au piano, et a joué une espèce de mélodie. Puis tout a coulé de ça. Il n'y a pas beaucoup de musique dans le film, j'ai toujours des difficultés avec la musique, mais j'en suis très contente. On s'est bien entendus, littéralement.

Vous saviez où la musique apparaîtrait ?

Christophe nous envoyait des choses pendant le montage, on trouvait ça super, mais on ne savait pas précisément où mettre la musique. Ce n'était pas si simple. Il m'appelait à minuit – je dormais – pour me proposer de venir le rejoindre en Uber à la Closerie des Lilas, on parlait, puis vers 3 heures, on allait chez lui, il allait au synthé pour me faire entendre ce qu'il avait fait. Je trouvais tout super. Nous étions toujours avec son arrangeur, qui, lui, voyait les images et nous proposait où mettre la musique.

La Belle et la Belle (2017)

Arrête ou je continue **est un film grave, avez-vous souhaité prendre le contre-pied pour le suivant ?**

Complètement. Je sortais d'une période très sombre de ma vie, compliquée, et je vivais une espèce de renouveau, de liberté. Une respiration nouvelle très agréable. Aller vers une sorte d'épanouissement était dès lors une constante dans l'écriture. Il y avait la montagne aussi, le ski plus précisément. À cause de l'aspect physique des choses – le look qu'on a, les dégaines, la température. J'aurais adoré voir un film de Rohmer au ski – sans me comparer à lui, hein ! L'idée de se rencontrer à un autre âge était présente au départ de l'écriture, je ne suis pas partie d'une scène précise cette fois. Et concomitamment, il y a eu l'envie de travailler avec Sandrine Kiberlain, qui est solaire, légère, épanouie. J'ai vraiment écrit pour elle, pour que ça lui plaise. Je lui ai pitché le film, sans avoir commencé à écrire, ce que je ne fais jamais. J'avais besoin d'avoir un peu d'intérêt. Je voyais que ça l'intéressait, mais ce n'était pas du tout gagné – on a évoqué des éléments du scénario, le caractère plausible des situations, mais ce n'était pas grand-chose.

Elle voulait aussi, je pense, sentir le caractère comique du film, sa fantaisie – elle souhaitait s'assurer qu'on voyait bien le même film.

Le choix d'Agathe Bonitzer s'est-il fait en même temps ?

Oui, je les voyais ensemble, ce sont deux actrices qui ne se ressemblent pas du tout physiquement mais qui ont le même niveau de singularité. Si Sandrine avait refusé, je ne sais pas ce que j'aurais fait, parce que je voulais quand même Agathe. Je voulais travailler à nouveau avec elle, je trouvais qu'elle avait mûri. Elle avait développé de l'épanouissement, de la souplesse.

Elle est sujet de l'écrivaine dans *Un chat un chat*, et actrice de sa propre vie dans *La Belle et la Belle*.

Exactement, je voulais filmer ce devenir femme.

Le choix de l'acteur masculin était important, et pas simple, eu égard à sa relation avec ces deux femmes.

J'avais l'idée d'un prince charmant. Dès l'écriture, je pensais à en faire quelqu'un d'idéal, tout en laissant les défauts qu'il faut pour que la personne soit réelle, sinon ça ne marche pas. Pour l'incarnation, la question de l'âge était importante, il fallait que ça tienne avec l'une et l'autre, sans que la différence d'âge ne donne un sentiment bizarre. Quand j'ai rencontré Melvil Poupaud, c'était parfait, il est séduisant et séducteur, sans jamais donner la sensation d'être crapoteux. On a ensuite fait une lecture avec Agathe, Sandrine, Lucie Desclozeaux[19] et Melvil, et on a toutes craqué sur son interprétation du personnage.

Les trois personnages sont très définis, accessibles, droits.

Le postulat est compliqué, il fallait donc que les personnages soient simples.

C'est votre première collaboration avec la productrice Julie Salvador.

Elle m'a ouvert sa société de production – je n'avais qu'une idée du film, sans avoir commencé à écrire. Martine Marignac arrêtait. Julie m'a alors contactée en me disant: « Je suis toujours la première à 9 heures pour aller voir vos films au cinéma des Halles. » On s'est rencontrées, j'ai tout de suite signé. J'ai senti quelqu'un de solaire, de lumineux dans son rapport aux autres, au monde. J'étais admirative qu'elle ait produit tous les derniers films d'Alain Resnais. J'ai eu la sensation

19 Qui joue Esther, la meilleure amie du personnage d'Agathe Bonitzer dans le film.

qu'elle prenait soin des films, en n'en produisant pas à la chaîne. Elle me disait aussi qu'on pourrait franchir une marche supplémentaire, ce qui s'accordait à mon envie d'un film plus solaire. La présence de Sandrine Kiberlain allait aussi dans ce sens.

Cette nouvelle dynamique, liée à ce changement de productrice, a-t-elle influé sur l'écriture ?

J'ai eu effectivement la sensation de franchir un cap, tout en creusant le même sillon. Par exemple, l'aspect fantastique du scénario, volontairement pas réaliste, m'a semblé un aboutissement et un progrès. Je me souviens quand même d'une bribe de situation réaliste comme idée originelle – deux copines de coloc' qui ont le même nom, ce qui entraîne des quiproquos, et un léger doute sur qui elles sont. Le soubassement plus grave était la question de l'identité. Très vite, je me suis dit qu'il fallait que ce soit la même personne, à deux âges différents. Le glissement s'est opéré comme ça.

Dans ce film, la question de la croyance que l'on retrouve souvent chez vous – les personnages inventent des histoires ou s'en inventent une – est centrale. Le public doit y croire. Comment avez-vous travaillé cette question ?

Je me suis tout de suite dit que le point de départ était tellement énorme qu'il fallait encore davantage passer par le petit – ce qui va dans le sens de ma façon de travailler. C'est par le détail qu'on va arriver au tout. La croyance devait prendre racine dans le quotidien : croire qu'elles prennent le même train, dans la même gare. Très vite, j'ai su que ce qui m'intéressait résidait dans le jeu entre le pari que je demande aux spectateurs de relever, et celui que je me fixe ; entre l'énormité de la proposition et cette idée d'une quotidienneté absolue. Je savais qu'il n'y avait que comme ça, non seulement que ça m'intéressait, mais que ça pouvait marcher.

Le film s'ouvre sur un montage parallèle donnant de petits indices unissant les deux protagonistes. Puis un raccord dans le mouvement les rassemble.

Ce début nous a posé des problèmes, mais c'était nécessaire. Je voulais montrer à la fois chacune, et comment elles étaient lancées l'une vers l'autre. C'est la rencontre qui importe, elles sont comme aimantées l'une vers l'autre, il fallait donc poser les choses. Lorsque, dans la fête où se trouve Sandrine, apparaît Agathe, on se dit ouf, enfin, les voilà dans le même espace ! Alors on embraye, en tant que spectateur on se demande comment ça va se passer.

Après cette soirée, et la scène de rencontre, elles se retrouvent dans le train. Avant de les mettre face à face, on assiste à une chorégraphie de mouvements dans les wagons, jouant sur notre attente, pour les réunir.

C'était très compliqué à faire en termes de réglage. D'autant qu'on est dans un train. Il faut évidemment faire attention au défilement dans les vitres pour chaque prise. Et les sièges Christian Lacroix des TGV, de toutes les couleurs, imposaient une circulation dans les wagons très méticuleuse pour raccorder avec la prise dans l'autre sens. Un cauchemar ! La minutie de ce truc, qui a l'air un peu flottant, m'a frappée en revoyant le film. C'est peut-être le plus minutieux de tous mes films, sur ce qu'on peut donner comme informations au spectateur, ce qu'on peut dire ou ne pas dire, là où il ne faut pas aller, ce qu'il ne faut pas faire… Parce que ça tient à très peu de choses. Au début, les deux, chacune dans un bar, prennent un café en précisant « avec le lait à part ». C'est peu de choses, ça passe juste comme point commun. Autre chose aurait été trop gros – par exemple : « Je collectionne les pièces de deux euros » !

Ce doit être visible mais discret.

Oui, et pour ça, il faut être archi minutieux. En termes de mise en scène aussi : les positions de chacun dans l'image étaient réglées au cordeau. Les scènes dans le train rehaussent encore davantage cette contrainte. Il fallait vraiment qu'on ait le sentiment, alors que les plans sont en miroir lorsqu'elles sont assises dans le train du retour, qu'elles ne sont pas assises face à face. On peut croire pourtant qu'elles le sont, d'autant qu'il y a la surimpression. De la même façon, donner la sensation qu'elles marchent l'une vers l'autre dans le train n'est pas si évident – on a tourné dans le même sens en fait. C'était vraiment une géométrie à laquelle il fallait réfléchir. Doivent-elles marcher de gauche à droite ou l'inverse pour donner la sensation qu'elles marchent l'une vers l'autre ? On les voit ensemble pour la première fois lorsque Sandrine va aux toilettes, et que dans la profondeur de champ apparaît Agathe. Si on coupait, ça ne marchait pas. Pareil lorsqu'elles arrivent au wagon-bar. L'espace est réduit, il fallait que chacune demande un autographe à Aurélie Dupont sans donner le sentiment que l'autre entende. Le début est un décollage, et ensuite, on doit se situer au-dessus des zones de turbulences, c'est-à-dire au-dessus de l'incrédulité des spectateurs. Il ne faut pas être parasité par des questions de vraisemblance.

On retrouve ces questions de mise en scène et de montage dans la première scène de rencontre entre les deux protagonistes, dans la salle de bains pendant la fête. C'est un long plan sans contrechamp, on voit les deux ensemble dans le reflet de la glace.

J'ai écrit cette scène exactement comme ça, je la visualisais ainsi – une salle de bains avec double miroir, double lavabo, de façon à ce qu'elles se regardent chacune soit directement, soit en réflexion dans la glace. Au début elles se regardent dans la réflexion de la glace, puis elles se regardent en vrai. J'étais sûre qu'il fallait que ça se passe devant des miroirs, dans un truc de gémellité. Ça paraît lourd, mais c'était le moyen le plus solide de faire sentir le parallélisme, et aussi de questionner ce que l'on voit quand on se regarde. Nous avons tourné en plans-séquences, avec des cadres différents, de façon à avoir de la matière pour monter un peu la séquence. On démarre tout petit, par le détail, avec la tache sur le vêtement. C'est ridicule de penser comme ça devant son film, mais lorsque Sandrine demande à Agathe « Vous habitez à Maraîchers ? », après leur échange, tout se remue en moi. Tout avance petit à petit. Je savais que c'était la clé pour que ça tienne. Déjouer les choses. Au début, avec Agathe et Sandrine, on s'était dit qu'il faudrait leur trouver des gestes qui se ressemblent pour qu'on fasse le lien entre elles, et finalement il n'y en a qu'un, à la fête, quand elles se frottent l'œil en même temps. D'ailleurs, on avait prévu plusieurs gestes à plusieurs moments, et lorsqu'on a tourné la scène de fête, le troisième jour, en les voyant, j'ai tout de suite compris qu'il ne pourrait y avoir d'autres gestes communs. Ça aurait fait tomber le truc. C'est tellement efficace comme ça ! Et c'est pourtant pas grand-chose. Au montage, on a fait très attention à ça, ne pas en dire trop, ou demander trop. Lorsque Sandrine prédit à Agathe des éléments de son avenir, elles prennent des légers temps de pause dans leur dialogue, très légers, pour indiquer le chemin qui les mène l'une à l'autre, à saisir qui elles sont l'une pour l'autre. Elles sont géniales. On a consolidé ces temps au montage.

C'était difficile à écrire ?

Je suis lente, parce que tous les dialogues doivent être en béton : les ponctuations, les respirations, les pauses… Je ne peux pas poursuivre si tous les éléments ne sont pas parfaitement à leur place. Par ailleurs, j'écris par salves. Je n'écris pas six mois en continu, deux heures par jour. J'écris huit heures par jour, pendant trois jours. Puis ça mijote. Ce qui rend dingues les productrices. Et moi-même d'ailleurs. Je peux rester une heure pour savoir s'il vaut mieux mettre un point ou une virgule. Je ne me dis jamais que je verrai plus tard, c'est maintenant. Même au tournage, il est très rare que je me dise qu'on verra au montage.

Il est rare que vous coupiez des phrases ou des bouts de phrases au montage ?

Très rare, ce sera plutôt des scènes entières. Une scène géniale, très drôle, avec Brigitte Roüan qui joue la mère d'Agathe, a été supprimée. On en savait trop. C'est marrant comme des scènes qui paraissent essentielles à l'écriture tombent parfois au tournage ou au montage. Chaque scène doit compter et servir à quelque chose. Je voulais donner la sensation qu'on grimpe, non seulement à la montagne, mais aussi vers de l'abstraction.

Ici, vous êtes partie d'une situation fantastique. Cela vous a obligée à penser avec plus d'attention la fin du film, une forme de résolution ?

C'était un gros enjeu, car il n'y a pas de fin possible. Le truc se tue de lui-même. Il n'y a pas de fin possible, ni à deux ni séparément. Il fallait déplacer quelque chose. La femme de mon frère avait eu un accident de ski, qui lui avait fait perdre légèrement la boule momentanément. J'ai pensé à ça, pendant une longue interruption à l'écriture, aux deux tiers du film. Je me demandais comment finir. Je savais qu'il fallait qu'ils restent à la montagne. C'était réellement insoluble – la grossesse pose plein de questions sur l'ensemble du film par exemple. Je me suis alors dit qu'il fallait déplacer l'enjeu : interroger la véracité du propos du film. Que j'assume le fait que ce soit impossible, que je revisite ça. Je me suis dit qu'il fallait réinterroger le postulat. Pour cela, il fallait qu'une des deux soit hors du coup. Quand j'ai eu cette idée de la chute à ski et de la perte de mémoire, je me suis dit que j'allais peut-être m'en sortir. L'accident de ski permet que l'une perde la mémoire, ce qui déchire l'autre. Leur commun n'existe plus. Ainsi, si l'autre essaie de la convaincre, on voudra qu'elle se souvienne, plutôt que de se demander si tout ça était vrai ou pas. Le risque n'est plus qu'on n'y croie plus, mais qu'elles ne soient plus sur la même longueur d'onde. Je me disais qu'on voudrait qu'elles le soient, et qu'ainsi on ne se poserait pas de questions. Il fallait risquer de perdre ce qu'on avait gagné jusque-là pour ne pas être confronté au fait que tout ça ne tient pas debout.

C'est très émouvant lorsque Sandrine Kiberlain, désemparée par la perte de mémoire d'Agathe Bonitzer, lui dit qu' « elles étaient la chance de leur vie l'une pour l'autre ».

Se rencontrer à vingt ans de moins permet de relire son histoire, et éventuellement de faire d'autres choix.

C'est d'ailleurs une phrase que j'appréhendais un peu. Pas facile à dire. Ça fait un peu récapitulatif de tous les enjeux du film, ça peut être lourd. Il ne faut pas trop s'y arrêter. Sandrine est super, on n'a fait que deux prises.

En perdant son double à vingt ans de moins,
Sandrine perd aussi une partie de son identité,
de son rapport à son histoire.

Oui, elle perd le contact avec elle-même. C'est pourquoi le personnage de Sandrine vit de façon dramatique le fait qu'Agathe dise qu'elle aime les champignons, contrairement à elle. C'est la fin du dialogue avec soi. Tout le film les aimante, et là, pour une question de champignons, le postulat fantastique est rompu. Tout s'effondre, elle perd qui elle est.

La lumière est très belle, les actrices sont magnifiées,
comment avez-vous travaillé avec la cheffe opératrice,
Emmanuelle Collinot ?

C'est vraiment quelque chose qu'on a travaillé dans la direction que vous évoquez : que ce soit beau, lumineux. Il fallait qu'Agathe et Sandrine soient très belles, avec des reflets, une lumière. Le personnage d'Agathe évolue,

a gueule (2024)

Julie, à quel moment Sophie vous a parlé de ce nouveau projet ?

Julie Salvador, productrice: Après le montage de *La Belle et la Belle*. Nous avions envie de travailler à nouveau ensemble, de prolonger notre collaboration. Sophie m'a dit qu'elle souhaitait faire un film plus intime encore, et plus dru. Elle avait déjà le titre: « Ma vie ma gueule ». Elle commençait toujours par trouver le titre, l'écriture du scénario venait par la suite. Elle savait déjà de quoi elle avait envie de parler, d'une femme assez proche d'elle, elle avait même utilisé le terme autofiction, ainsi que la formule « opération de transfusion entre elle et le personnage de Barbie ». J'avais l'impression que cette idée la taraudait depuis un petit moment, mais il fallait qu'elle trouve le bon moment. Nous avions vécu une aventure professionnelle assez idyllique avec *La Belle et la Belle* et nous commencions à devenir proches l'une de l'autre, c'était sans doute le bon moment. Sophie m'a ensuite dit que le scénario serait séquencé en trois parties dont elle avait également déjà les titres: Pif, Paf et Youkou.

Comment s'est passé le travail d'écriture ?

JS : Sophie avait l'habitude de rendre un texte très abouti, presque définitif. Elle prenait le temps d'y réfléchir, puis se mettait à écrire seulement une fois que tout était en place. Elle avançait alors d'un seul geste, sans revenir en arrière. Pour *La Belle et la Belle*, je recevais 20 pages par 20 pages, là j'ai reçu chacune des parties l'une après l'autre. Je n'avais jamais expérimenté cette méthode avec les autres cinéastes ou scénaristes, qui la plupart du temps vous livrent une première version, puis une seconde, et ainsi de suite jusqu'à la dernière… Mais j'aimais beaucoup la méthode de Sophie, c'est infiniment plus agréable de lire un texte très achevé, où l'on sent que chaque situation a été réfléchie, que chaque mot a été choisi, que chaque réplique a été lue à haute voix… Et puis, je retrouvais ainsi le plaisir que l'on avait enfants, quand nous devions attendre le lendemain pour connaître la suite de l'histoire. J'ai reçu « Pif » fin 2018. Cette première partie était très drôle et émouvante et j'étais heureuse de faire la connaissance d'une nouvelle héroïne. J'ai toujours été très touchée par les héroïnes de Sophie : leur fantaisie, leur façon de parler, leur regard sur le monde, et par-dessus tout leur patronyme – Fontaine Leglou, Margaux et Margaux, Aïe… La deuxième partie, « Paf », est arrivée un an après. « Paf » était une petite claque comme son nom l'indique, très troublante dans ce qu'elle raconte de l'intimité et de la vérité du personnage, avec beaucoup de délicatesse et toujours de la drôlerie. Puis il y a eu le premier confinement qui a coupé Sophie dans l'élan de son écriture. Elle a eu un peu de mal à s'y remettre après, et moi j'étais frustrée de ne pas connaître la fin, alors au cours d'un dîner, je me suis aventurée à lui proposer d'écrire 3 pages tous les deux jours, afin que je commence à travailler dessus à la rentrée. Sophie s'est amusée à relever le défi, dès le lendemain soir j'avais 3 pages et deux mois plus tard, on avait « Youkou » !

Est-ce que les questions liées à la production interféraient dans l'écriture ?

JS : Non, je n'aime pas trop, ça bride le travail d'écriture, alors qu'il s'agit justement d'un espace de liberté important pour les auteurs, il y a déjà suffisamment de contraintes ensuite… Après l'été 2020, on a relu le scénario, et il y a eu quand même une nouvelle passe, mais pas pour des questions économiques. Par exemple, nous étions d'accord sur le fait que le personnage de Bertrand était trop présent dans la première version, et qu'il ne fallait pas qu'il intervienne autant dans le chemin que Barbie allait prendre. Il fallait qu'elle trouve sa route elle-même. Ça nous a semblé évident après avoir laissé reposer le scénario.

À quel moment la question du casting s'est-elle posée ?

JS: Autant pour *La Belle et la Belle*, Sophie avait écrit pour Sandrine Kiberlain et Agathe Bonitzer, autant là, elle ne pensait pas à une actrice en particulier. Pendant qu'elle écrivait elle m'a même dit en plaisantant qu'elle pourrait jouer le rôle. À la fin de l'écriture, quand nous avons abordé la question de la comédienne, j'ai compris que Sophie souhaitait confier le rôle de Barberie Bichette non seulement à une actrice avec qui elle n'avait jamais travaillé, mais qui n'était pas non plus proche d'elle. Agnès Jaoui s'est imposée comme une évidence, et elle a dit oui aussitôt après avoir lu le scénario en moins de vingt-quatre heures !

Le film a été difficile à financer et à produire…

JS: J'ai commencé à travailler dès que nous avons eu l'accord d'Agnès Jaoui. Nous avons eu l'avance sur recettes avant réalisation du CNC assez rapidement, et le distributeur Jour2fête s'est positionné sur le film très vite et sans hésitation, en nous proposant un minimum garanti conséquent. C'est après que les choses se sont avérées plus difficiles. Nous étions en pleine période de l'après-Covid, les engagements des partenaires financiers et de certaines chaînes de télévision pour les films d'auteurs singuliers se raréfiaient au profit de films plus formatés et moins aventureux. Je suis retournée voir certains guichets à deux reprises. Un an après, j'en étais au même stade et Sophie était entre temps-tombée malade. Il était indispensable que le film existe et nous avons décidé d'y aller malgré le contexte économique difficile.

Nous avons donc commencé à aborder concrètement les questions de fabrication. Nous avons regroupé les lieux de tournage, par exemple au lieu de tourner en Angleterre ET en Écosse en plus de la France, nous avons « triché » sur les lieux censés être anglais en les tournant en France ou en Écosse. Sophie a aussi supprimé quelques séquences et en a remanié d'autres. Il y avait beaucoup de rôles également, Sophie en a supprimé en redistribuant la parole un peu différemment. Rien de trop significatif non plus, car nous ne voulions pas dénaturer le projet. C'est principalement à l'équipe technique, aux comédiens et aux prestataires de services que nous devons la réussite de cette fabrication économe, nous avons mis en place une équipe très réduite au sein de laquelle tous ont accepté de travailler bien en dessous des salaires et rémunérations pratiqués habituellement. C'est exceptionnel et je ne tiens pas à ce que ça se généralise… mais je les en remercie infiniment.

Emmanuelle Collinot, à quel moment Sophie Fillières vous a-t-elle parlé du projet ?

Emmanuelle Collinot, directrice de la photographie : Comme Julie, à la fin de *La Belle et la Belle*. Elle avait le titre, comme toujours. Nous étions amies, nous en parlions régulièrement. Elle me disait qu'elle écrivait, qu'il fallait rendre un scénario à Julie. Elle pouvait rester six mois sans avancer sur l'écriture, puis en deux jours, écrire 30 pages.

C'est déjà une façon de travailler ensemble que de parler du film ?

EC : Oui, parce que c'est un film que Sophie n'abordait pas de la même façon que les autres. Dans le sens où tous ses films ont une part autobiographique, mais celui-ci plus particulièrement. Elle avait envie que ce soit facile. La première chose était son envie de tourner chez elle. Elle trouvait que son appartement correspondait bien au personnage de Barbie. Elle travaille dans une agence de pub, mais n'a pas beaucoup d'argent. Il fallait donc que l'appartement ne ressemble pas aux appartements qu'on voit souvent dans le cinéma français, beaux et grands. Elle voulait un truc qui fasse petit. Je me suis dit que tourner dans son appartement ne serait dès lors pas simple, et on a fait des essais avec mon appareil photo numérique Sony Alpha 7. Je me souviens que Sophie était enthousiaste :

« C'est léger, pourquoi on ne fait pas tout le film comme ça ? » Je lui ai répondu qu'on pouvait faire léger tout en trouvant mieux que l'Alpha 7. Tu te souviens, Adam, tu jouais dans ces essais, elle avait vachement aimé.

Adam Bonitzer : Oui, elle était super contente, c'était une préfiguration du tournage. Elle avait aussi très envie de tourner.

EC : Ces essais étaient en 2022. Lorsqu'on a repris la préparation en 2023, nous connaissions les contraintes financières, qui allaient dans le sens de tourner dans son appartement. Sophie connaissait presque tous les autres lieux parisiens, la bijouterie, le psy (c'était le sien). L'endroit où on a tourné l'agence de pub, c'est moi qui le connaissais. On a eu l'idée de tourner les scènes de la maison censée être en Écosse au Pré-Saint-Gervais, chez une amie à moi qui est écossaise. Sophie était réticente à l'idée de tourner l'Écosse en banlieue, et en arrivant, son visage s'est éclairé. Ça marche hyper bien.

AdB : Elle voulait essayer des choses. Par exemple je me souviens qu'elle avait envie, à un moment donné, de tourner le film en noir et blanc.

EC : Ah oui, ça a été de longues discussions. Elle voulait tourner en 4/3 aussi. L'idée du noir et blanc est partie du fait qu'on savait qu'on ferait le film avec une petite équipe, sans beaucoup de lumière. Le noir et blanc semblait plus adapté à cette situation, en permettant de moins voir le manque d'argent. Elle s'est ensuite dit que l' Écosse en noir et blanc serait dommage. Et tourner l' Écosse en couleurs à la fin, et en noir et blanc au début aurait été trop cliché.

AdB: Les essais étaient tout de même en noir et blanc.

EC: Je lui avais envoyé ces essais en noir et blanc effectivement, mais au moment du tournage il était clair que le film serait en couleurs.

La forme est-elle née de l'économie du film ou d'une volonté de changer ? En particulier, vous avez discuté ensemble du choix de la caméra épaule ?

EC: C'est un mélange des deux. Sophie avait envie de faire différemment sur ce film, et l'économie fragile du film est une contrainte qui allait dans le même sens.

AdB: Outre les enjeux économiques, la caméra épaule participait de sa volonté de changer. Tous ses films sont tournés en plan fixe, c'était un gros changement.

EC: Je venais de faire un film et une série tout à l'épaule. J'avais adoré. J'aime le rapport qu'on a physiquement avec les comédiens. Et surtout la liberté qu'on a pour tous les petits recadrages. L'autre chose est qu'on gagne un temps dingue sur un tournage. Tout va très vite.

JS: Tu as décidé aussi de ne pas éclairer.

EC: Ça va de pair avec la caméra épaule, on a éclairé a minima.

Nous avons évoqué sa volonté de chercher une forme pour chaque film. Le précédent, *La Belle et la Belle,* était solaire, lumineux. Dans *Ma vie ma gueule,* le ton est davantage monochrome.

EC: C'est en lien avec les choix évoqués plus tôt. Les costumes sont ceux de Sophie, beaucoup de noir, une marinière ; son appartement est exigu et blanc. J'aime bien ses fonds un peu flous, avec quelques éclats de couleurs, liés à des cartes ou autres punaisées au mur.

Le film est principalement tourné dans des petits espaces – l'appartement, l'hôpital. Quelles contraintes cela a-t-il posées en termes de mise en scène ?

EC: À l'hôpital, c'était encore plus compliqué que dans l'appartement. Nous étions au deuxième étage, je n'avais que peu de lumière, mais je dois dire que le hasard fait bien les choses : même sans ajouter de lumière artificielle dans la chambre d'hôpital, pourtant très exigüe, on a réussi à avoir de nombreuses variations de lumière sur l'ensemble des jours de tournage. Ce qui colle bien avec le temps indéterminé de la fiction, le fait qu'on ne sache pas exactement combien de temps Barbie reste dans cette chambre. Je trouve qu'on sent bien le passage du temps dans le film. Quand on n'a pas la possibilité de mettre de la lumière, la solution la plus économique est d'en enlever, en fermant des fenêtres, en mettant des draps noirs, ou encore en coupant au montage. C'est des bidouilles, mais on ne s'est pas si mal débrouillés ! Nous étions une petite équipe, 14 personnes, et dans un espace exigu ça va.

Il y a de nombreux plans rapprochés, sur Agnès Jaoui notamment, chose également rare dans le cinéma de Sophie Fillières.

EC : Ce sont aussi des choix faits au montage.

Agathe Bonitzer : Dans la première séquence par exemple, le plan serré sur Barbie devant son ordinateur ne devait pas exister. Je ne sais plus qui, de toi Emmanuelle ou de maman, a finalement décidé de le faire en plus du plan large.

EC : Dans le plan que Sophie avait prévu, on voyait Agnès dans ses pensées, un peu perdue. On l'avait imaginé un peu de dos. Au tournage on a fait ce plan, un peu plus de profil, puis on a fait un plan dans le même axe que celui du film, mais plus large. Puis plus serré. Vous avez choisi d'office le plan serré au montage.

AdB : On a joué une continuité, alors qu'à la base, vous aviez tourné avec l'idée d'une coupure entre les plans.

AgB : Je me souviens qu'elle nous a dit à l'hôpital : « Vous verrez, on a aussi tourné la première séquence d'un seul bloc, il n'y a peut-être pas besoin de monter le tout premier plan. » Ce qu'on a fait.

Comment Sophie a-t-elle travaillé avec Agnès Jaoui au tournage ?

EC : Je pense que Sophie parlait avec Agnès le matin parce que sur le plateau, elle reprenait des choses, mais je n'ai pas assisté à beaucoup de discussions. C'était rapide, peu de prises, quelques intentions différentes entre deux prises, mais pas plus. Les scènes dans l'appartement, tournées au début, ont suscité davantage de discussions : jouer plus simple, plus sobre. Ensuite, plus ça avançait, plus c'était évident.

François Quiqueré, monteur : Quand j'ai eu Sophie à l'hôpital, elle m'a dit qu'au début du tournage, elle avait davantage cherché à diriger Agnès, puis qu'à un moment donné, elle avait senti qu'elle s'était emparée du personnage. Elle a aussi utilisé l'expression « lâcher prise ». Ne serait-ce que dans le choix de tourner à l'épaule, alors que cinq ans plus tôt, ça aurait été hors de question ! Le film s'est fait aussi dans cet élan. Elle n'imaginait pas exactement le personnage de Barbie comme ça, mais ça lui plaisait qu'Agnès s'en empare et emmène le film ailleurs.

AgB : Elle nous a dit de ne pas brider l'expansivité du jeu au montage, de ne pas avoir peur de ce qu'Agnès apportait. On a noté ces mots. Au final, c'est vrai qu'on a plutôt choisi les prises plus intérieures.

Vous avez échangé sur le film avec Sophie alors qu'elle était à l'hôpital, juste après le tournage. Vous en aviez discuté auparavant ?

AdB: Je suis passé deux fois sur le tournage, je l'ai vue au travail.

AgB: Comme on était voisines de palier, on se croisait beaucoup lors du tournage dans son appartement. Le mien servait de lieu de stockage du matériel, de HMC (Habillage, Maquillage, Coiffure), de bureaux.

JS: Nous ne savions pas que Sophie irait à l'hôpital dès la fin du tournage. Nous savions qu'elle était malade, mais pas qu'elle ne pourrait pas monter le film.

AgB: Quand on passait sur le tournage, c'était des visites familiales, amicales. Avant le tournage, je lui avais proposé d'être là sur le plateau, pour l'assister, être scripte ou n'importe. Finalement, comme elle allait bien, très en forme, la question ne s'est plus posée, sans doute qu'elle préférait ne pas…

FQ: Vous aviez aussi participé au casting, pour lequel Sophie tenait vachement à ce qu'il y ait des amis, des enfants d'amis.

AdB: J'ai passé le casting pour jouer le fils, je n'ai pas été pris. (rire général)

AgB: Et j'ai fait pas mal de propositions pour des petits rôles. Bien sûr, le travail de la directrice de casting, Constance Demontoy, a été essentiel.

Sophie vous a donné des pistes, des idées pour le montage ? Vous avez regardé des rushes avec elle ?

JS: À l'hôpital, Sophie m'a confirmé qu'elle ne pourrait pas finir le film, et m'a dit qu'elle souhaitait qu'Agathe et Adam le terminent avec son équipe – François au montage, Emmanuelle à l'image et Jean-Pierre à la bande-son. Elle a eu cette expression absolument magnifique : « J'aimerais qu'Agathe et Adam terminent le film parce qu'ils ont le même Nord que moi », en précisant qu'elle souhaitait que le film soit vécu d'un « intérieur » proche du sien.

FQ: Pendant tout le montage, les deux mots qui ont été le plus prononcés étaient Sophie et maman. « Qu'est-ce que penserait Sophie ? », « Comment Sophie voudrait qu'on coupe ça ? » Mais à un moment donné, il y a une réalité, qui est le montage du film. On a aussi été épaulés par Julie, Emmanuelle et Jean-Pierre (Laforce, mixeur) qui assistaient à toutes les projections.

JS: C'était une demande de Sophie. Qu'il y ait dans la salle de montage François, Agathe et Adam, mais qu'à chacune des projections, il y ait en plus son équipe – Jean-Pierre, Emmanuelle et moi.

AgB: À l'hôpital avec maman, on a pris des notes sur le montage, et on a regardé une fois des rushes. À partir du moment où elle nous a donné sa confiance, le problème de légitimité ne s'est plus posé. Elle ne nous disait pas de faire comme ci ou comme ça, mais de faire comme on voulait, s'arrêtant sur quelques pistes, « Agnès a fait ça dans une prise, peut-être est-ce bien de le monter avec telle autre prise ? Peut-être que ça ne marche pas, vous verrez ». Il y avait d'autres trucs plus définitifs, notamment sur les changements de parties : « Il faut que ce soit le plus dru possible. » Ou encore, dans la scène du *fish and chips*, « il faut que ça se termine en plan large derrière la vitre ». On l'a respecté. Elle nous a dit aussi que l' Écosse, « ça coule de source, la mise en scène parle d'elle-même ». On prenait tout en notes.

Et pour la musique, quelles étaient ses indications ?

AgB: D'en mettre peu, quelques notes ici ou là.

FQ: Des ponctuations.

AgB: Elle nous a dit : « On peut même imaginer qu'Agnès entend des notes dans sa tête. » On a essayé, on a fait un enregistrement musical avec Philippe Katerine, qui a proposé des trucs super, mais on a juste gardé une piste, très belle, pour le générique de fin.

FQ: Sans Sophie, c'est une décision de réalisation trop importante. Son rapport à la musique dans ses films était compliqué. En fin de compte, ça nous allait très bien de ne pas avoir de musique. Je ne monte jamais avec une musique témoin, je cherche avant tout à monter le film.

AdB: La musique qui intervient à la fin est d'autant plus intéressante qu'il n'y en a pas eu avant. Et puis cette absence va bien avec le côté brut du film.

François, vous n'aviez jamais travaillé avec Sophie avant. À quel moment vous a-t-elle contacté ?

FQ: En juin 2022. J'ai lu le scénario, que j'ai trouvé absolument magnifique, mais lorsque je l'ai rappelée, elle m'a annoncé que le film était décalé. Ça ne m'a pas du tout surpris que le film ait du mal à se financer : commencer comme une comédie, passer brutalement à quelque chose de plus noir, puis qui s'envole, c'est une liberté à laquelle les gens ne sont plus tellement prêts, il me semble. Je lui ai parlé de *Wanda* de Barbara Loden (1970), des films de John Cassavetes[20], elle m'a dit que c'était exactement ça. C'est ce que j'évoquais tout à l'heure avec l'idée de lâcher prise. Je pense que Sophie souhaitait un film qui s'écrive au fur et à mesure, du scénario au tournage. Un film qu'il ne fallait surtout pas vouloir maîtriser totalement. Il fallait laisser faire.

20 *Wanda* est l'unique long-métrage écrit et réalisé par la comédienne américaine Barbara Loden, à une époque où les films mis en scène par des femmes étaient rarissimes. Son style et son ton sont voisins de ceux du cinéma de John Cassavetes, l'un des pionniers du cinéma indépendant américain. On lui doit entre autres *Shadows* (1959), *Une femme sous influence* (1974), *Gloria* (1980).

C'est aussi vrai pour le montage.

FQ: Je me faisais une joie de me retrouver dans une salle de montage avec Sophie, mais quand Julie m'a dit que le montage se ferait avec Agathe et Adam, passé la tristesse, je me suis dit que c'était un cadeau. C'est quand même une idée magnifique de nous confier le film. De toute façon, j'aurais été incapable de monter seul le film, je monte des films avec des cinéastes – et même s'ils ne le sont pas, Agathe et Adam m'ont apporté tout ce que j'attends d'un réalisateur : de la confiance et de la résistance. Comme monteur, je pars du principe que je ne sais rien du film que je vais monter. Je découvre en montant. Par exemple, j'ai parfois cherché à déstructurer, réécrire la première partie, avant de comprendre que ça marchait exactement comme Sophie l'avait écrit, c'est-à-dire pas du tout comme une exposition. En fait, il n'y a pas d'exposition dans le film, on est balancé dès la première image avec ce personnage qu'on prend en cours de route. Je l'ai compris vite, mais j'ai quand même été tenté d'exposer un peu les choses. Par exemple, on s'est demandé à quel moment on devait comprendre qu'elle s'appelle Barberie Bichette ? On a plusieurs indices, au début devant le miroir – « salut Barbie » –, lors de la rencontre avec Philippe Katerine, où il prononce son nom mais sans aucune logique, puis à l'agence de pub – « tu as vu madame Bichette ? » Ce n'est finalement que lorsqu'elle achète son bijou qu'elle dit son nom elle-même. J'ai cherché à faire en sorte qu'on sache très vite comment elle s'appelle, mais ça ne marche pas comme ça. Souvent, dans la première bobine, les vingt premières minutes, on pose les enjeux des personnages, l'intrigue ; ici, ce qui est très beau, ce qui en impose, c'est qu'on ne sait pas de quoi le film va parler. Et on ne le saura jamais vraiment jusqu'au bout. On suit un personnage et on part avec lui. Avec Sophie on s'est vus régulièrement dans l'année qui précédait le tournage, dans un café, elle me parlait de l'avancée du travail, des repérages. Et j'ai l'impression que de trouver des solutions – comme de tourner les scènes écossaises d'intérieur au Pré-Saint-Gervais – l'excitait à fond.

EC: Je crois que l'expérimentation l'enthousiasmait, essayer des choses qu'elle n'avait jamais faites.

AdB: Et le fait de te choisir, François, participait aussi de son envie de nouveauté.

Vous avez travaillé tout de suite tous les trois sur le montage, ou bien François vous a proposé une première version ?

AgB: On a d'abord dérushé[21] tous ensemble, en discutant un peu.

FQ: Puis, comme je le fais souvent, j'ai proposé de faire un premier montage tout seul. Comprendre la matière en mettant les mains dans le cambouis. Il me faut toujours un peu de temps seul pour comprendre, voir les problèmes de son – parfois le son entre le champ et le contrechamp n'est pas du tout le même –, les axes qui ne marchent pas exactement comme on l'imaginait, ou encore les propositions de jeu – je fais des choix vis-à-vis des prises que je trouve bonnes, des choix de découpage aussi, par rapport aux prises que j'ai montées. J'essaie de présenter une première version qui se regarde. Mais cela a donné un film plus long que je ne l'avais imaginé – 2 h 23. Du coup, pour les faire patienter, je leur ai montré « Pif » dès qu'il a été terminé. On en a parlé, sans que je revienne dessus tout de suite. J'ai ensuite monté « Paf », qu'on a regardé. Puis « Youkou », et enfin on a regardé ensemble le montage de 2 h 23.

21 Première étape de la phase de montage, qui consiste à visionner l'ensemble de ce qui a été tourné (les rushes) afin d'effectuer un premier tri entre les prises.

Après, on a repris chacune des parties, et on a discuté, discuté, discuté.

Quelles ont été les modifications pour aboutir à une deuxième version ?

FQ: Je me souviens que tu m'as dit un jour, Agathe, que c'était un film somme, que c'était normal qu'il soit plus long que les autres. Mais là c'était trop long.

AdB: On a enlevé des scènes. Comme des poupées russes, des scènes s'agglomeraient, s'augmentaient.

FQ: Au début de « Paf », on voyait les enfants préparer les affaires de leur mère, dans son appartement, pour lui apporter à l'hôpital. Ils discutaient, on les voyait chercher l'hôpital, discuter devant… C'est aussi lié à des questions d'incarnation : après « Pif », on n'a plus envie de quitter Barbie aussi longtemps.

FQ: On n'avait pas tellement envie de revenir dans cet appartement au début de « Paf ». Il avait été bien exploité dans la première partie, ce n'était pas pour y revenir ensuite.

Jean-Pierre Laforce, mixeur : On gagne aussi beaucoup dans la narration avec cette ellipse. Une fois Barbie à l'hôpital, on se demande où sont les enfants. C'est d'ailleurs la question qu'elle-même se pose sans arrêt.

Dans la scène au jardin du Luxembourg, Barbie s'assoit sur un banc et entend deux jeunes filles parler dos à elle. On comprend au fur et à mesure qu'une des deux est sa propre fille. On retrouve là la minutie de l'écriture et de la mise en scène de Sophie.

FQ: Sophie avait tourné plus de plans. Il y avait des plans de face des jeunes filles, avec Barbie derrière. On pouvait passer de l'autre côté.

EC: Je me souviens que Sophie m'a dit qu'elle savait qu'elle ne monterait pas ce plan, mais qu'elle préférait quand même l'avoir, je ne sais pas pourquoi. Sophie avait découpé cette séquence ainsi dès la préparation, en repérage. Un plan sur Barbie assise, les filles arrivent et s'assoient derrière elle. Elle les entend, surprise. Puis changement d'axe, elle se lève et fait un léger détour pour faire semblant de marcher normalement et les croiser. Elle souhaitait un plan-séquence avec ce déplacement burlesque.

AgB: C'est plus sur le plan suivant qu'on a galéré, lorsqu'elle discute avec les filles, on n'avait pas de contrechamp.

FQ: Il n'y avait qu'un plan. Ce qui m'allait très bien, je suis un monteur plutôt économe, si les choses durent dans les plans, c'est ça que je cherche. Et une actrice comme Agnès, il faut la laisser vivre. Pas besoin de rentrer dans des choses trop découpées. Ça me rappelle que Sophie m'avait dit, sur son choix d'Agnès Jaoui, qu'elle voulait une actrice qui n'était a priori « pas pour elle » – ce qui allait aussi dans sa volonté de changer les choses.

Barbie monologue beaucoup, elle se parle à elle-même comme s'il s'agissait d'une vie parallèle. Est-ce que cela a été difficile à monter ?

AgB: Il y avait souvent deux versions : une version où elle se parle à elle-même à voix haute et une autre où elle parle dans sa tête. C'est-à-dire qu'elle mime ce qu'elle joue, avec potentiellement une voix off. Nous en avions parlé avec maman à l'hôpital : peut-être que les deux coexistaient, que parfois elle se parle vraiment et parfois pas ? Mais on a rapidement tranché au montage, en faveur du fait qu'elle parlait toute seule à voix haute.

AdB: C'était d'ailleurs écrit comme ça dans le scénario, ce qui veut dire qu'elle l'avait imaginé comme ça. Peut-être qu'au tournage, elle a eu envie d'essayer quelque chose ?

En quoi a consisté le travail de mixage ? Y a-t-il eu des envies ou contraintes spécifiques pour le son, comme nous l'évoquions pour la mise en scène ?

JPL: L'enjeu principal de la prise de son, pour tous les films, mais particulièrement dans les films de Sophie, c'est la question de la voix, support du dialogue et de sa musique qui est aussi importante que le sens qu'il véhicule. Le travail de l'ingénieur du son, du monteur son direct et du mixeur consiste non seulement à respecter cette incarnation, mais aussi tenter de la magnifier. La prise de son de Damien Luquet sur le tournage était très claire, très nette, très précise. Il y avait dans certains décors, chez le psy par exemple, un bruit de fond un peu désagréable qui desservait la scène qui devait être extrêmement silencieuse, pour rendre compte de son caractère intime. Il a fallu nettoyer le son avec le monteur son. Puis il a fallu trouver une autre ambiance, pour éviter la sensation d'un silence artificiel produit par le nettoyage.

On reçoit le film monté, avec le son direct – le monteur ou la monteuse a parfois triché un peu, et utilisé le son d'une autre prise pour que le jeu ou l'intelligibilité ressorte mieux. Le monteur son fait ensuite un gros travail pour organiser le son direct, mais aussi pour créer un univers signifiant, crédible. Mon travail est dans un premier temps d'accueillir ce travail préalable, et de faire des propositions qui vont le prolonger d'une autre manière. Au mixage, il faut travailler le son en respectant les données économiques du film, c'est-à-dire un temps assez court. Et terminer bien sûr dans un auditorium de façon à être dans les conditions d'une salle de cinéma.

Ce qui est beau dans le cinéma de Sophie, c'est son caractère très ludique, dans les dialogues, les situations. Au début du film par exemple, Barbie met ses écouteurs, d'abord un premier et elle n'entend pas bien sa correspondante, puis les deux et là elle entend. En termes de mixage, c'est évidemment assez ludique à réaliser. Il y a des choses qui viennent très clairement de la structure du film, de ce qui a été trouvé au scénario, puis au montage, et des choses qui sont plus souterraines. Autre exemple, au tout début du film, j'ai volontairement baissé le son jusqu'à un bruit de bouche que produit Agnès… Ça représente pour moi le silence du personnage. Avec un son droit, il n'y aurait pas eu ce temps de suspension ; avec un son volontairement baissé, le spectateur se demande pendant un court instant s'il y a ou pas du son. C'est une façon de débuter le film par le silence du personnage, que brise ce bruit de bouche qui nous ramène au présent, au concret de la scène.

***Ma vie ma gueule* est un film sur la parole.**
Comment avez-vous travaillé cet aspect au mixage ?

JPL: Pour ce film, ce que j'ai essayé de faire, avec Agathe, Adam et François, c'est d'établir une relation de confiance : qu'avez-vous envie d'entendre ? Ça donne beaucoup de petites idées, des inflexions, parfois un gros travail.

C'est aussi lié à des dynamiques de voix : Agnès est une actrice exceptionnelle dans sa façon de s'approprier le personnage, avec une énorme dynamique vocale et une grande richesse de timbre. Nous avons essayé de ne surtout pas chercher à trop canaliser cette complexité, car elle est tout à fait représentative de la complexité du personnage. Ça a donné lieu à beaucoup de débats sur le niveau des voix. Il y a une forme de simplicité dans tous les films de Sophie, mais la simplicité ce n'est pas toujours évident à obtenir.

FQ : Comment atteindre cette simplicité alors qu'en vérité, il y a des enjeux de sons, de dynamiques extrêmement complexes ! Notamment dans la partie à l'hôpital : comment faire vivre l'hôpital sans qu'il vienne envahir tout l'espace ? Qu'on puisse aussi rester dans l'intimité. Et que le film avance. C'était passionnant et extrêmement délicat.

JPL : J'avais la possibilité, à des endroits parfois mineurs – j'aime beaucoup faire petit pour essayer de produire beaucoup –, de proposer des choses, en vous les faisant écouter sans discussion préalable, de sorte que vous puissiez réagir d'abord par votre ressenti. Dans la séquence où Barbie démonte sa lampe, il y a un decrescendo de l'extérieur – le but est qu'on n'en ait pas conscience –, et au fur et à mesure que l'on comprend l'enjeu de la scène, elle devient de plus en plus seule, et on n'entend finalement plus rien qui vienne de l'extérieur jusqu'à l'irruption du docteur Boulin. C'est ce type de manipulation minimaliste, puisque s'appuyant sur très peu de son, que j'ai mis en œuvre lors du mixage de *Ma vie ma gueule*.

JS: L'écriture de Sophie est une musique, j'ai l'impression qu'une partie du son émerge dès l'écriture.

Le film a fait l'ouverture de la section La Quinzaine des cinéastes au festival de Cannes.

JS: Nous sommes heureux et fiers d'avoir terminé le film, et cette place en ouverture de la Quinzaine des cinéastes est la plus belle que nous aurions osé rêver pour lui !

Filmographie

DES FILLES ET DES CHIENS

1991 • 5 min

SYNOPSIS Deux amies marchent en jouant à *Tu préfèrerais...*

GRANDE PETITE

1994 • 105 min

SYNOPSIS Alors qu'elle tente de semer Paul, un ancien petit ami, Bénédicte, 20 ans, trouve dans la rue un pistolet et une liasse de billets de banque.

AÏE

2000 • 103 min

SYNOPSIS Robert, la cinquantaine, revoit par hasard Claire dont il est toujours amoureux et qui vient d'avoir un enfant d'un autre. Il décide de la reconquérir, mais au même moment il croise une jeune fille qui lui fait une étrange proposition: s'il le souhaite elle pourra tomber follement amoureuse de lui...

GENTILLE

2005 • 102 min

SYNOPSIS Fontaine Leglou travaille dans une clinique psychiatrique. En couple avec Michel qui l'aime et veut construire une famille avec elle, Fontaine est très hésitante sur sa vie sentimentale. C'est en pleine crise personnelle qu'elle se voit demandée en mariage par Michel, ce qui la fait paniquer encore plus. Et la voilà attirée par l'un de ses patients...

UN CHAT UN CHAT

2009 • 105 min

SYNOPSIS À 35 ans, Célimène est une écrivaine en crise: elle vit à Paris avec son fils chez sa mère car son appartement est en travaux. Elle a rompu avec son ami, fait des crises de somnambulisme et n'écrit plus une ligne. Pour tout arranger, elle est harcelée par une fan qui fait tout pour lui redonner envie d'écrire.

ARRÊTE OU JE CONTINUE

2014 • 102 min

SYNOPSIS Un couple de longue date se questionne sur son devenir ensemble et la nature de leur relation qui ne fonctionne plus, devenue le nœud de malentendus, de frustrations, d'incommunications, de jalousies dont on ne sait si elles sont fondées ou pas. Lors d'une coutumière balade en forêt, la femme refuse de continuer et décide de rester dans la forêt pour tenter de se retrouver elle-même.

LA BELLE ET LA BELLE

2018 • 95 min

SYNOPSIS Margaux a fait de sa vie plus ou moins n'importe quoi. À 45 ans, la mort de sa meilleure amie la secoue et la remet en question. Lors d'une fête, elle rencontre une jeune fille de 20 ans et se découvre des points communs avec elle. Elle aussi s'appelle Margaux et elle aussi est en train de faire n'importe quoi de sa jeune existence. Normal, car c'est d'elle-même vingt-cinq ans plus tôt qu'elle est en présence.

MA VIE MA GUEULE

2024 • 102 min

SYNOPSIS Barberie Bichette, qu'on appelle à son grand dam Barbie, a peut-être été belle, peut-être été aimée, peut-être été une bonne mère pour ses enfants, une collègue fiable, une grande amoureuse, oui peut-être… Aujourd'hui, c'est noir, c'est violent, c'est absurde et ça la terrifie : elle a 55 ans (autant dire 60 et bientôt plus !). C'était fatal mais comment faire avec soi-même, avec la mort, avec la vie en somme…

REMERCIEMENTS

Nous avons passé des heures lumineuses avec Sophie Fillières dans son appartement, à parler de ses films avec légèreté et précision, simplicité et drôlerie. Merci à Sophie pour sa confiance.

Nous remercions très chaleureusement pour leur soutien Agathe et Adam Bonitzer, Emmanuelle Collinot, Jean-Pierre Laforce, François Quiqueré et Julie Salvador.

Dominique & Quentin

Prolongez la lecture de ce livre en accédant au contenu additionnel prévu par les auteur·rices et disponible à cette adresse :

www.playlistsociety.fr/fillieres

DÉJÀ PARU

FACEB001
Frederick Wiseman, à l'écoute • 2018
INTRODUCTION *Laura Fredducci*
ENTRETIEN *Quentin Mével et Séverine Rocaboy*

FACEB002
Henri-François Imbert, libre cours • 2018
INTRODUCTION *Raphaëlle Pireyre*
ENTRETIEN *Quentin Mével*

FACEB003
Pierre Salvadori, le prix de la comédie • 2018
INTRODUCTION *Nicolas Tellop*
ENTRETIEN *Quentin Mével et Dominique Toulat*

FACEB004
Valérie Donzelli, le tourbillon de la vie • 2019
INTRODUCTION *Thomas Messias*
ENTRETIEN *Quentin Mével*

FACEB005
La Mécanique Lucas Belvaux • 2020
INTRODUCTION *Louis Séguin*
ENTRETIEN *Quentin Mével*

FACEB006
Laurent Cantet, le sens du collectif • 2022
INTRODUCTION *Marilou Duponchel*
ENTRETIEN *Quentin Mével*

FACEB007
Patricia Mazuy, l'échappée sauvage • 2022
INTRODUCTION *Gabriela Trujillo*
ENTRETIEN *Quentin Mével et Séverine Rocaboy*

FACEB008
DOA, rétablir le chaos • 2023
INTRODUCTION & ENTRETIEN
Elise Lépine

FACEB009
Hervé Le Corre, mélancolie révolutionnaire • 2024
INTRODUCTION & ENTRETIEN
Yvan Robin

FACEB010
Des gens drôles • 2024
AVEC *Michel Hazanavicius, Sophie Letourneur, David Marsais pour Le Palmashow, Émilie Noblet, Jean-Pascal Zadi, Judith Davis et Florent Bernard (FloBer)*
INTRODUCTION *Lucile Commeaux*
ENTRETIENS *Adrien Dénouette, Quentin Mével, Guillaume Orignac et Théo Ribeton*
POSTFACE *Martin Jauvat*

DANS LA COLLECTION FACE B

Achevé d'imprimer en août 2024 par Corlet Imprimeur,
14110 Condé-en-Normandie, France.
Dépôt légal : septembre 2024.
N° d'imprimeur : 24070524